KB214376

근대
선교사의
독립운동

근대한국학 대중 총서 10

근대 선교사의 독립운동

초판 1쇄 인쇄 2024년 9월 25일
초판 1쇄 발행 2024년 10월 2일

–

엮은이 연세대학교 근대한국학연구소 인문한국플러스(HK+) 사업단 지역인문학센터
펴낸이 이방원

책임편집 조성규   **책임디자인** 손경화
마케팅 최성수 · 김 준   **경영지원** 이병은

–

펴낸곳 세창출판사
　　　　신고번호 제1990-000013호   주소 03736 서울시 서대문구 경기대로 58 경기빌딩 602호
　　　　전화 02-723-8660   팩스 02-720-4579   이메일 edit@sechangpub.co.kr   홈페이지 http://www.sechangpub.co.kr
　　　　블로그 blog.naver.com/scpc1992   페이스북 fb.me/Sechangofficial   인스타그램 @sechang_official

–

ISBN 979-11-6684-351-8 94910
　　　　978-89-8411-962-8 (세트)

_ 이 책은 2017년 정부(교육부)의 재원으로 한국연구재단의 지원을 받아 수행된 연구임(NRF-2017S1A6A3A01079581)

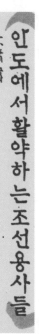

근대한국학 대중 총서 10

근대 선교사의 독립운동

연세대학교 근대한국학연구소
HK⁺ 사업단 지역인문학센터

세창출판사

발간사

인간은 언제부턴가 현상의 이유를 알고 싶어 하는 물음, 즉 '왜'라는 질문을 하기 시작했다. 어떤 철학자는 이 질문과 더불어 비로소 인간이 된다고 한다. 자연스럽게 경험되는 현상을 그 이유(reason)부터 알고자 하는 것, 그것이 곧 이성(reason)의 활동이고 학문의 길이다. 이유가 곧 이성인까닭이다. '존재하는 모든 것에는 충분한 이유가 있다(충족이유율)'는 학문의 원칙은, 따라서 '존재는 이성의 발현'이라는 말이며, '학문에의 충동이인간의 본성을 이룬다'는 말이기도 하다. 최초의 철학자들이 자연의 변화 이유를 알고 싶어 했었는데, 이내 그 모든 물음의 중심에 인간이 있음을 알게 된다. 소크라테스의 "네 자신을 알라"는 말은 물음의 방향이 외부에서 내부로 이행되었음을, 인간에게 가장 중요한 물음이자 답하기 어려운 물음이 인간 자신에 대한 물음임을 천명한다.

자연과학이 인간에 대한 물음에 간접적으로 관여한다면 인문학(Humanities)은 인간을 그 자체로 탐구하고자 한다. 자연과학의 엄청난 성장은 인문학 역시 자연과학적이어야 한다는 환상을 심어 주었다. 대상을 객체로 탐구하는, 그래서 객체성(객관성)을 생명으로 하는 과학은, 주체성과 상호주체성으로 특징지어지는 인간의 세계뿐만 아니라 인간 역시 객체화한다. 인간이 사물, 즉 객체가 되는 순간이며, 사람들은 이를 인간성 상실이라고 말한다.

우리는 다시 묻는다. 나는 누구이며 인간은 무엇인가? 이 물음은 사물화된 인간에 대한 반성을 담고 있다. 인간이 이처럼 소외된 데는 객체화의 원인이라는 이유가 있을 것이다. 그것을 찾고자 인문학이 다시 소환된다. 자신의 가치를 객관적 지표에서 찾으려 동분서주했던 대중 역시 사물화된 자신의 모습에 불안해한다. 인간은 객관적 기술이 가능한 객체라기보다 서사적 존재이고, 항상적 본질을 반복적으로 구현하는 동물이라기보다 현재의 자신을 끊임없이 초월하고자 하는 실존적, 역사적 존재이다. 인간에게서는 실존이 본질을 앞선다. 문학과 예술, 역사, 그리고 철학이 사물화된 세계에서 호명된 이유이다.

한국연구재단은 이러한 사명에 응답하는 프로그램들을 내놓았다. 그것들 중에서도 "인문한국(HK, HK+)" 프로그램은 이 문제에 가장 직접적으로 대면한다. 여전히 성과, 즉 일종의 객체성에 의존하는 측면이 있기는 하지만 인문학자들의 연구활동과 대중의 인문 의식 고양에 획기적인 프로그램으로 자리 잡았다.

연세대학교 근대한국학연구소는 2017년 11월부터 한국연구재단으로부터 "근대한국학의 지적기반 성찰과 21세기 한국학의 전망"이라는 어젠다로 인문한국플러스(HK+) 사업을 수주하여 수행하고 있다. 사업단

내 지역인문학센터는 연구 성과 및 인문학 일반의 대중적 확산에 주력하고 있다. 센터는 강연과 시민학교, 청소년 캠프 및 온라인 강좌 등을 통해 전환기 근대 한국의 역동적인 지적 흐름들에 대한 연구소의 연구 성과들을 시민들과 공유하고 있다. 출간되는 대중 총서 역시 근대 한국의 역사, 문학, 철학 등을 인물별, 텍스트별, 주제별, 분야별로 대중에게 보다 폭넓게 다가가기 위해 기획되었다. 이 시리즈들을 통해 나와 우리, 즉 인간에 대한 물음에 함께하기를 기대한다.

연세대학교 근대한국학연구소

인문한국플러스(HK+) 사업단 지역인문학센터

들어가며

삶의 여정이 끝나면 누구나 흙으로 돌아간다. 그리고 우리 중 누군가는 인생의 마지막 표식이 묘, 비석, 유물로 남겨져 기억된다. 이 표석이 우리나라에 있는 외국인들이 있다. 필자가 마주한 근대 외국인 선교사들은 험난했던 우리 역사의 한 자락을 함께하며 헌신한 분들이었다. 그들이 왜 한국에 있었고 한국을 위해 헌신했고 한국의 독립을 위해 나섰을까 하는 물음을 안고 나는 다섯 분의 선교사들을 찾아 나섰다. 그분들의 기록을 확인할수록 내게 선명해졌던 것은 그들도 '한국의 독립운동가'였다는 사실이다.

우리의 관심이 가까이 있든 멀리 있든 그들은 홀로 또는 일가족 모두가 한국에 머물렀고 일제강점기 일제의 탄압과 체포, 투옥, 재판 등 여러 현장을 목격하거나 실제 경험하거나 보았던 일상을 기억했다. 그들은 한국의 탄압받는 실상을 국내뿐만 아니라 해외에 알리고자 했다. 혹은 힘든 시절을 견디고 있었던 한국인에게 스스로 희망이 되어 삶의 등불이 되어 준 이도 있었다. 또는 삶과 죽음의 경계에서 새로운 학문을 소개하고 생명을 연장하는 신기술을 알려 주목받은 이도 있었다. 어린 고아들이 배고파할 때 배고픔을 해결하는 것을 넘어 그들의 인생을 바꾸는 교육기관을 설립하여 신지식인으로 양성되도록 지원한 이도 있었다.

한국에 머물렀어도 이방인이었던 이들은 한국인의 삶에 큰 영향을 주었지만 우리는 그들의 헌신을 소리 없이 수용하고만 있었다. 그들이 무엇을 위해 살았고 어떤 활동을 했고 얼마나 정의로웠는가를 알고자 찾아나서기보다는 우리의 바쁜 일상을 우선시하고 말았다.

이 저서는 물음의 해답을 외국인 선교사의 삶에서 찾고자 했다. 역사는 시대의 울림이다. 필자는 시대가 달라도 지난 역사의 울림이 우리의 가슴속 깊은 곳으로 통하고 있다고 생각한다. 나라를 빼앗겼던 일제강점기에 한국에 머물렀던 이방인들.

이 책은 한국의 독립을 위해 헌신한 다섯 분의 외국인 선교사 독립운동가를 소개하고 있다. 이분들 중에는 이 책을 통해 처음 소개되는 분도 있지만 확실한 것은 이분들 모두가 한국의 독립을 위해 헌신한 한국의 독립운동가라는 사실일 것이다. 이분들은 한국의 의료기관, 교육기관, 종교기관을 넘나들면서 동시에 한국의 현실을 국내뿐만 아니라 해외에도 알리는 노력을 했다. 몇 분은 몸소 독립을 외치는 현장에서 체포되거나 신사참배를 거부하여 추방당하는 등 참담한 일상 속에서 한국인에 대한 걱정을 앞세웠다. 이분들 중에는 필자와 인연이 되어 독립운동가 공적을 조사하고 독립운동가 서훈 추서를 하여 훈격을 부여받은 분도있다.

우리 역사에서 무관심의 영역에 있었던 외국인 선교사의 활동을 조사하면서 내가 이들에 대한 관심의 끈을 놓지 않았던 이유는 대부분 이분들에게 무관심했기에, 필자마저 손을 놓았다가는 이분들의 명예가 회복되는 데 많은 시간이 필요하리라는 생각에서였다. 또 하나의 이유는 이분들이 당시 한국의 독립을 외면하지 않았던 것처럼 나 또한 외면하는 대열에 서고 싶지 않아서였다. 그렇게 나는 한국의 독립을 위해 헌신한 외국인 선교사 독립운동가와 마주했고 이 책을 통해 다섯 분을 소개하고자 한다.

호러스 언더우드 선교사·독립운동가

(Horace G. Underwood, 원한경, 1890-1951)

앨리스 해먼드 샤프 선교사·독립운동가

(Alice J. Hammond Sharp, 사애리시, 1871-1972)

이사벨라 멘지스 선교사·독립운동가

(Isabella B. Menzies, 민지사, 1856-1935)

조지 새넌 맥큔 선교사·독립운동가

(George Shannon McCune, 윤산온, 1873-1941)

프랭크 윌리엄스 선교사·독립운동가

(Frank E. C. Williams, 우리암, 1883-1962)

필자가 일제강점기 외국인 선교사의 독립운동에 대한 책을 집필하고 발간을 준비하면서 놀라웠던 것은, 올해가 1899년 제중원의학교가 설립되어 에디슨 초대 교장이 취임한 지 125년을 맞이한 해였다는 사실이다. 의약품 부족과 이름 모를 병명, 신분의 차별로 치료기회조차 갖지 못했던 서민에게 의술을 통해 새로운 삶을 살아갈 기회를 부여한 의료공간의 시작은 알렌(Horace. N. Allen)과 언더우드(Horace G. Underwood)의 손에서 시작되었다. 우리나라에 머물렀던 외국인 선교사들은 한국에 입거한 뒤 한국인의 삶과 생활 속으로 스며들었다. 사녀를 포함한 그들의 가족과 동료와 함께 한국인과 교류하면서 점차 푸른 눈의 한국인이 되어 갔다. 소박했던 한국인의 삶과 정겨웠던 풍경, 그리고 인정스러운 한국인에게 동화되어 간 그들은 일제의 침략으로 정체성 상실의 위기에 처한 한국인과 마주했다. 우리나라 근대 역사의 암흑기라고 할 수 있는 일제강점기를 마주하면서 그들은 변화하기 시작했다. 일제에 저항하는 한국인의 의로움에 감명받았고, 일제의 탄압과 부당한 침략에 맞서 함께 한목소리를 내었다. 때로는 가는 목소리로 한국인을 위로했고 이따금씩 큰 목소리로 시대의 울분을 대변했다. 필자가 만난 외국인 선교사들은 일제의 부당함에 한목소리를 냈던 독립운동가였다.

　그 시대 한국의 독립은 무엇이었을까. 선교사로 기독교를 전파하러 왔지만 정의를 설파했던 그들의 '시간'은 한국을 향한 사랑과 한국독립을 응원하는 목소리로 듬뿍 담겨 있다. 태평양과 대서양, 먼 바다를 건너와서 젊은 날 꿈꾸었던 그들이 노장이 되어서도 한국을 그리워했던 이유, 그것은 이 땅에 살아 숨 쉬었던 정의로운 역사에 대한 그리움이 가득했기 때문이지 않았을까. 그들이 꽃피운 정의가 '근대 외국인 선교사의 독립운동' 자료를 찾고 그들의 이야기를 마주하면서 느껴졌다.

역사는 시대의 울림이다. 이 책은 외국인 선교사의 독립운동이 한국 역사의 한 부분이었고 또 하나의 울림이었다는 것을 담고 있다. 근대 선교사의 역사가 대한의 울림으로 역사의 한 물결이 되고 정의로움으로 빛났다는 사실이 이 책에서 피어나길 바란다. 뜻깊은 주제와 마주하며 고민한 지난 시간을 뒤로하고 이 책이 출간될 수 있도록 쉼 없는 기다림으로 포기하지 않았던 연세대학교 인문학센터에 감사의 인사를 드린다. 또한 외국인 선교사의 자료수집과 번역을 위해 보조해 준 한국여성독립운동연구원의 보조 선생님들께도 감사한 마음을 전한다.

무령로 연구원에서

저자 심옥주

차례

호러스 언더우드,
대한과 고종을 지키다

언더우드(Horace G. Underwood, 원두우[원한경], 1890~1951)

1. 고종, 미국인 언더우드에게 훈장을 수여하다

대한 광무(光武) 10년, 1906년 4월 28일자 『고종실록』 47권에는 특별한 훈장 수여 내용이 기록되어 있다.

美國人元杜尤(미국인 원두우)

有久駐本邦之勞(유구주방지로),

英國醫師魚飛信 (영국의사 어비신)

屢有試術之效(루유시술지효),

竝特敍勳四等(병특서훈사등),

各賜太極章(각사태극장)

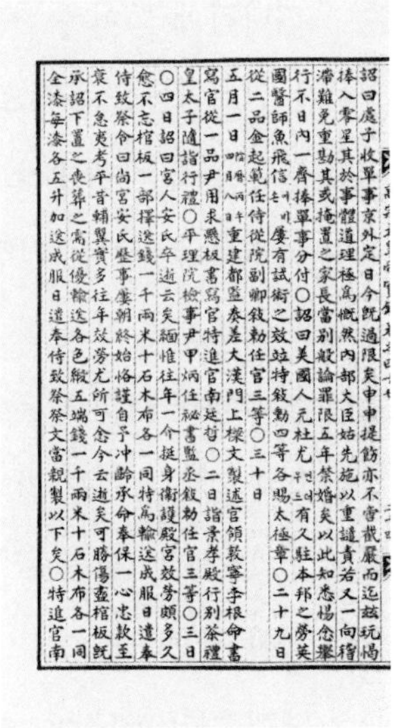
詔曰處子收單事京外定日今既過限矣中申提飭亦不啻截嚴而近玆玩愒
捧入寥寥其於事體道理極爲慨然內部大臣始先施以重譴責若又一向稽
滯難免重勘其或掩置之家長當別般論罪限五年禁婚矣以此知悉揚念擧
行不日內一齊捧單事分付○詔曰美國人元杜尤有久駐本邦之勞英
國醫師魚飛信屢有試術之效竝特敍勳四等各賜太極章○二十九日
從二品金起範任侍從院副卿敍勅任官三等○三十日
五月一日重建都監奏差大漢門上樑文製述官領敦寧李根命書
寫官從一品尹用求懸板書寫官特進官南廷哲○二日詣景孝殿行別茶禮
皇太子隨詣行禮○平理院檢事尹甲炳任祕書監丞敍勅任官三等○三日
○四日詔曰宮人安氏卒逝云矣緬惟往年一介挺身衛護殿宮效勞頗多久
愈不忘棺板一部擇送錢一千兩米十石木布各一同特爲輸送成服日遣奉
侍致祭令曰尙宮安氏曁事先朝終始恪謹自予冲齡承命奉保一心忠款至
衰不急哀考乎昔輔翼實多往年效勞尤所可念今云逝矣可勝傷盡棺板旣
承詔下置之喪葬之需從優輸送各色緞五端錢一千兩米十石木布各一同
全漆每漆各五升加送成服日遣奉侍致祭祭文當親製以下矣○特進官南

[그림 1] 『고종실록』 47권의 훈장 수여기록

미국인 언더우드(Horace G. Underwood, 원두우[원한경], 1890-1951)는 우리나라에 오랫동안 주재하면서 활동한 인물이다. 그를 오랫동안 지켜보았던 고종은 헌신적인 활동 공로를 치하하는 훈장을 수여했다. 외국인 선교사에 대한 국왕의 훈장 수여, 이례적인 기록이다. 훈장 수여 대상은 언더우드뿐이 아니었다. 의료 시술(試術)을 한 영국 의사(醫師) 에브슨[魚飛信(아비신): Oliver R. Avison]과 함께였다. 고종은 그들의 공로를 치하하며 특별히 4등급으로 서훈(敍勳)했는데 각각 태극장(太極章)을 하사하였다.

근대 역사에서 외국인 선교사의 활동은 새로운 변화를 일으키는 접점에 서 있곤 했다. 개항 이후 수많은 외국인 선교사가 입국했다. 동양인과 다른 얼굴 생김새와 언어만으로도 관심의 대상이 되었기 때문에 개항 이후 우리나라에 들어온 선교사들은 조선의 이방인이었다고 할 수 있다. 그들은 선교활동을 목적으로 왔지만 선교 목적 외에도 선진국의 교육과 의료 활동 등을 국내에 소개하며 사회 변화를 이끌었다. 시간이 흘러 외국인 선교사의 공적은 인정받았고 훈장 수여의 대상이 되었으니 고종의 훈장 수여로 그들의 공적을 인정받은 셈이다. 하지만 그들의 개신교 전래의 길과 한국 사회로 동화되는 과정은 결코 쉽지 않았다.

한국에 외부 종교를 전파한 이들은 앞서 있었다. 역사를 거슬러 올라가 보면, 조선에 온 최초 개신교 선교사는 1832년 7월의 프로이센계 독일인 목사 귀츨라프(Karl F. A. Gutzlaff)로 확인된다. 영국 동인도회사 군함 로드 엠허스트(Lord Amherst)호가 중국 마카오를 거쳐 황해도 백령도 근처 섬에 상륙했다. 목사 귀츨라프는 배가 정박했을 때 섬사람들에게 성경과 의약품을 나누어 주었다는 항해기록에 있다.[1] 그가 나누어 준 책은 'a few

---

1 Karl F. A. Gutzlaff, *Journal of Three Voyages along the Coast along the Coast of China, in 1831, 1832*

books'라고 표현하고 있지만 그가 목사의 신분이었다는 점을 감안할 때 성경책일 가능성이 높다.

　그로부터 50년이 훌쩍 지난 1882년. 조선은 문호 개방을 시작했다. 1875년 운요호 사건이 발단이 되어 1876년 일본과 강화도조약이 체결되었다. 이어 1882년 5월 22일 제물포에서 조선 전권대신 김홍집을 필두로 미국 전권 슈펠트와 '조미수호통상조약(朝美修好通商條約)'이 체결되었다. 그 과정에서 당사자인 조선 정부의 역할이 일부 배제되는 불평등 조약이었지만 조선과 미국의 공식적인 수교였다. 조미수호통상조약이 체결된 지 2년이 지나서 미국 선교사들은 국내로 입국하기 시작했다. 1884년 9월에 선교사 알렌(Horace N. Allen, 1858-1932)이 미국 공사관으로 부임한 뒤 선교사들의 국내 입국은 본격적으로 이루어진다.

　조선에서 대한제국으로 이어지는 근대는 전 세계적으로 제국주의의 확장 기류 속에 일본제국주의는 팽창하고 있었고 조선은 그 범주에 놓여 있었다. 그 시기에 한국에 미국인 선교사가 입국한 것은 기독교 전파의 목적이었지만 외부 종교 유입과 함께 해외 문물유입과 교육, 제도, 의식 등 사회 전반에 영향을 주었다. 필자가 주목한 언더우드는 조선예수교장로회의 첫 회장으로 대한민국 개신교 장로회의 아버지로 불리는 인물이다. 연세대학교 전신인 연희전문학교와 경신학교의 설립자인 언더우드에게 고종황제가 한국 이름을 직접 하사했을 정도로 그와 조선의 인연은 각별하다.

---

and 1833, with Notices of Siam, Corea, and the Loo-Choo Isands, p.320.

언더우드는 1885년 4월 5일 인천 제물포항에 도착했다. 영국에서 출생하여 미국에서 성장한 그가 조선에 들어오게 된 사연은 운명적이다. 그것은 신학교 시절에 우연히 눈에 들어온 '조선 수교' 기사가 인연의 시작이다. 언더우드가 미국 뉴브런스위크 신학교에 수학했을 때였다. 어느날 그는 우연하게 교내 신문에서 소개하고 있는 '조선 수교' 기사를 보았다. 그때 '조선'이라는 나라를 처음 알게 되었는데,[2] 그날의 짧았던 인연이 조선의 방문으로 이어진다. 그때 언더우드는 한국인에게 불리는 다른 이름, 원두우(元杜尤)로 한국인들에게 기억되리라는 것을 짐작하지 못했다.

언더우드가 조선 입국을 하는 과정에는 평생 절친 아펜젤러 가족과 함께였다. 언더우드와 아펜젤러, 두 선교사는 한국 근대사에서 큰 족적을 남긴 인물들이다. 그들의 만남이 한국으로 이어진 시작점이다. 언더우드와 아펜젤러의 만남은 1883년 10월 코네티컷주 하트포드에서 열린 미국 신학교 연맹대회로 거슬러 올라간다. 신학교 연맹대회의 인연으로 언더우드와 아펜젤러(Henry G. Appenzeller, 1858-1902)는 평생 절친한 친구가 되었다. 1884년 7월 28일 언더우드가 한국 선교사로 임명되면서 공식적인 방문선교사가 되었다.[3] 언더우드가 조선 방문을 하게 된 것은 네덜란드 개혁교회 뉴브런스위크 노회(The classis of New Brunswick)에서 목사 안수를 받고 있을 때였다. 언더우드는 인도 선교의 길을 계획하고 있던 중에

---

2 M. Huntly(1884), *Caring, Growing changing:A History of the Protestant Mission in Korea*, Friendship Press, p.19.
3 같은 곳.

일본에서 선교활동을 하고 있던 알트만(Albert Altmann) 목사로부터 특별한 소식을 전해 듣는다. 알트만 목사는 일본 가까이에 있는 나라, 조선에 선교사가 필요하다는 것을 언더우드에게 알렸고, 그때 언더우드는 미국 뉴브런스위크 신학교에 개시되었던 조선에 관한 기사를 떠올렸다. 머나먼 나라에 대한 호기심이 인연이 되어 언더우드의 조선 입국의 길이 열린 것이다.

머나먼 나라, 조선을 향해 언더우드는 긴 항해의 길에 올랐다. 1884년 12월 16일 샌프란시스코항을 출발하여 27일간의 항해기간이 소요되어 출발한 다음 해인 1월이 되어서야 일본 요코하마항에 도착했다. 다시 출발한 언더우드를 비롯한 선교사 가족은 조선의 땅과 마주했는데, 처음 마주한 곳은 부산이었다. 언더우드의 기록에 의하면, 1885년 4월 2일 국내 첫 도착지 부산의 정경과 마주하며 새로웠다고 하였다. 집집마다 똑같이 짚으로 덮여 있는 지붕과 담에 둘러싸인 모습이 마치 땅의 색깔과 흡사해서 마을의 규모를 구분하기 쉽지 않았다고 그들은 기록했다. 땅의 색깔과 흡사했던 모습은 바로 초가집이었다. 마을을 가득 채운 오밀조밀한 집 모양이 신기했던 언더우드의 조선에 대한 호기심은 커져만 갔다. 언더우드와 함께 출발했던 선교사 일행이 공식적으로 인천 제물포항에 도착한 날은 4월 5일 부활절이었다.

조선에 첫발을 내디딘 소감을 언더우드와 동행한 아펜젤러 목사는 다음과 같이 기록하였다.

우리는 부활주일에 여기 왔습니다. 이날 죽음의 철창을 부수신 주님

[그림 2] 미국기독교 가족 입국 사진, 상동교회

께서 이 백성을 얽매고 있는 줄을 끊으시고 그들로 하나님의 자녀들이
얻는 생명과 자유로 이끌어 주시기를 기원하나이다….[4]

1884년과 1885년에 걸쳐 조선에 대거 입국한 미국 선교사 가족들은
제물포항에 도착했다. 그들이 발을 내디딘 순간은 조선의 기독교 전래의
시작점일 것이다. 그날은 부활절이었다. 그들이 눈에 비친 조선의 모습
은 놀라웠다. 배에서 내리자마자 마주한 제물포항과 인천을 지나 서울로
향하는 길목에서 선교사들의 시야에 들어온 사람들의 모습은 그리 밝지
않았다. 당시 서울 인구는 약 14만 명 정도였다. 마주한 사람들의 모습은

---

4 *The Annual Report of the Missionary Society of the Methodist Episcopal Church*, 1885, p.237.

당시의 신분제도를 가늠할 수 있었다. 집의 외관과 옷차림에서도 신분의 차이를 알 수 있었다. 궁궐과 양반가 집을 제외하고 대부분 초가집 형태의 가옥이었다. 외견상으로 뵈는 모습의 차이만큼 당시에 엄격하게 구분된 신분제도는 조선의 현실을 말해 주고 있었다. 동시에 평민에게 허락되지 않았던 사회의 한 부분에 도움의 손길이 필요해 보였다.

시간이 지날수록 선교사들은 새로운 문물의 혜택을 받지 못했던 평민이나 고아 등 사회로부터 소외된 이들을 위한 활동에 나선다. 아펜젤러는 병원의 설립과 운영을 위해 언더우드에게 도움을 청하고 함께 병원 운영을 할 것을 제안했다.

2. 널리 은혜를 베푸는 집, 제중원(濟衆院)

우리나라 최초의 근대식 병원은 '광혜원'이다. 광혜원은 1885년 3월 7일(음력) 고종 22년 우리나라 최초의 근대식 서양의료기관으로 알렌에 의해 진료소 문을 열게 되었다.

우리나라 최초의 근대식 병원 광혜원(廣惠院)이었지만 광혜원은 많은 사람을 구제한다는 의미를 담은 '제중원(濟衆院: House of Universal Helpfulness)'으로 명칭이 바뀌면서 본격적인 근대 의료의 길이 열린다. 본래의 건물은 이윤용의 집(창덕여고 자리)을 쓰다가 점차 규모가 커지면서 1887년 한성남부 홍영식(洪英植)의 집에서 개원했는데, 지금의 헌법재판소 자리였다.

[그림 3] 광혜원, 미국국회도서관 소장

　당시 진료소 개설에 대해 『고종시대사』 2집의 자료에는 다음과 같이
소개하고 있다.

　　高宗(고종) 22年 3月 7日(병오) 廣惠院(광혜원)의 開設(개설)로 朴準禹(박준
　　우)·申洛均·成翊永(성익영)·金奎熙(김규희)·金良默(김량묵) 等(등)을 統理交
　　涉通商事務衙門主事(통리교섭통상사무아문주사)로 差下(차하)하다.

　우리나라 최초 근대식 병원의 설립은 시대변동에 기인한다. 1876년
문호개방 이후 근대화의 조류는 거세어졌다. 개화기 조선은 내부적으로
근대와 전통, 개화와 반(反)개화의 대립 전선이 형성된 가운데 개화사상
및 개화운동으로 확장되고 있었다. 개화파의 주요 인물이었던 김옥균·
박영호·홍영식·서광범 등을 중심으로 하는 새 내각이 구성되면서 개

혁과 개방정치로 변화되기 시작한다. 1884년 12월에 갑신정변(甲申政變)이 일어났다. 갑신정변으로 수구파를 주도했던 민영익은 칼을 맞아 목숨이 위태로운 상황에 이르렀다. 한순간에 사경을 헤매며 한방치료로 차도를 보지 못한 민영익은 목숨을 잃을 위기에 처했다. 이때 미국공사관에서 의사로 임명된 알렌이 서양의학으로 치료하면서 민영익은 기적적으로 목숨을 구하고 완치가 되었다. 이를 계기로 서양의 뛰어난 의술은 왕실과 백성에게 알려지게 되는데 알렌은 고종의 시의(侍醫)로 임명을 받아 국왕으로부터 참판(參判) 벼슬을 부여받았다.[5]

　알렌은 조선에서 병원 설립이 시급하다는 것을 인지한 뒤, 궁중의 허가를 받아 병원을 설립하기 위해 움직이기 시작했다. 1885년 봄 미국 공사 포크를 통해 요청서를 제출함으로써 근대식 병원 설립은 시작된다. 알렌의 청원이 받아들여져 설립된 곳이 바로 조선 최초 근대식 병원 '광혜원'이다. 민영익의 사건을 계기로 미국에서 입국한 선교사의 의료 선교에 물꼬가 트였다. 이를 계기로 그들은 기독교 전파와 의료선교, 교육, 그리고 사회 전반으로 확장하기 시작했다.

　1884년 9월 20일 제물포항에 도착하여 당나귀를 타고 서울을 향했던 미국 선교사 일행들은 알렌을 통해서 고종과 명성황후를 소개받았고 그다음 해에는 조선 최초 근대식 병원 '제중원(濟衆院)'을 허가받게 된 것이다. 제중원의 의료 활동에서 언더우드의 역할은 매우 중요했다.[6] 당시 신

5　「승정원 일기」, 고종 23년 9월 27일.
6　1884년 12월 22일 자 일기. H. N. 알렌(1991), 『알렌의 일기』 김원동 옮김, 단국대출판부.

분제 사회를 뛰어넘은 파격적인 의료기관이었던 이유는 누구에게나 개방된 병원이었기 때문이다. 특히 민영익을 살렸다는 소문이 퍼지면서 서양의학이 병의 치유에 탁월하다는 소식이 주목받았다. 제중원의 명성이 높아지면서 하루에 최고 70명의 환자가 줄을 이었는데 신분의 구분이 없는 의료 진료였으니 더욱 주목을 받을 수밖에 없었을 것이다.

제중원의 의료활동에서 언더우드의 역할은 매우 중요했다.[7] 개설 초기의 병원은 간호사와 기사가 없이 알렌이 혼자서 운영하고 있었다. 언더우드와 스크랜튼, 헤론 등 선교사가 입국하면서 제중원은 본격적인 활동을 하게 된다. 제중원을 통해서 신(新)의료가 공식적으로 소개되었는데, 근무한 선교사들의 역량이 우수했다. 초기 입국한 선교사들의 면면을 살펴보면, 한국에 파송된 선교사들 다수가 다양한 분야의 지식을 갖춘 우수한 인재였다. 클라크(Charles Allen Clark, 1878-1961) 선교사는 파송된 선교사들을 소개하면서 우수한 지식을 갖춘 선교사의 입국이 한국기독교의 전파에 큰 힘이 될 수 있었다고 하였다. 그들 중에 언더우드에 대하여 그는 열정적인 인물로 기록하고 있다.

> 언더우드는 굉장히 열정적이고 창의적인 사람이었고, 마펫은 그 어떤 사람보다도 전도열이 충만한 사람이었으며, 에비슨은 의료분야의 지도자였고 의과대학의 창설자였으며 베어드는 문과대학의 창설자였고 게일은 위대한 번역가이고 문필가였다….[8]

---

7 같은 곳.

필자는 언더우드 관련 재외 동포사 연표에 그의 기록이 남아 있다는 것을 확인했다. 1885년 4월 2일 미국 선교사 언더우드와 아펜젤러가 부산에 도착, 4월 5일에 인천 제물포항에 도착한 것부터였다. 언더우드는 서울에 입성하고 며칠 지나지 않은 4월 10일부터 알렌이 개설한 광혜원(제중원)에서 활동했고 이후에는 화학과 물리학을 가르쳤다. 늘 열정적이었던 언더우드는 화학과 물리학을 열심히 공부해서 1년이 지났을 무렵에는 능숙한 교사로 성장해 있었다. 그는 틈틈이 병원과 약국 일을 도왔고 모자라는 약품과 의료에 필요한 재료를 살폈다. 날씨가 더워지기 시작한 여름날, 전염병이 창궐하면서 마을에는 가족 단위로 몰사하는 일이 잦아지기 시작했다. 그 시대에는 위생 관념이 부족했기 때문에 물을 끓여 먹거나 위생에 대한 지식이 대중적이지 못했다. 그로 인해 전염병 환자가 증가했고 선교사들도 전염병에 걸려 사망하는 사례로 이어졌다. 이런 현실적인 고민을 해결하기 위해 언더우드는 제중원의 의학교육에 더욱 열의를 쏟았다.

언더우드의 부인 릴리어스 호턴 언더우드(Lillias Horton Underwood, 1859-1921)가 남긴 기록에 의하면, 초기 기독교 선교사들은 천연두에 대한 고민이 컸다고 기록되어 있다. 릴리어스 호턴 언더우드는 38세의 늦은 나이에 한국에서 남편 언더우드와 혼인했고 국내에서 신혼여행으로 황해도와 평안도 등 지방으로 순회여행을 떠났다. 전염병이 창궐했던 시기였

---

8   A. D. Clark(1937), *The Nevius Plan for Mission Work in Korea*, Christian Literature Society, pp.81-82.

[그림 4-1] 언더우드 부인 　　　　　　[그림 4-2] 언더우드와 자녀 원한경

지만 언더우드 부부는 지방 곳곳을 다니며 여행을 했다. 그때를 생각해 보면, 참으로 이례적인 신혼여행이다. 릴리어스 호턴 언더우드는 대한제 국기에 명성황후 주치의로 활동했고 광혜원(이후 제중원)에서 부인과 책 임 의사로 활동한 전문 의사였다. 남편 언더우드와 함께 한국의 열악한 환경에 대해 고민하며 천연두를 극복하기 위한 다양한 방법에 대해 연구 했다. 그렇게 끊임없는 노력으로 한국에 머물렀던 17년 동안 외국인 선 교사 중에 천연두를 앓는 이가 7명으로 줄어들었다.[9]

　언더우드는 한국을 사랑했고 걱정했다. 당시 선교사들은 열악한 환경 속에 놓여 있었고 질병과 싸워 나가야 했는데, 그것은 선교사만의 문제

9　L. H. 언더우드 지음(2013), 『호러스 언더우드와 함께 한 조선』, 정희원 옮김, 아인북스, 104쪽

가 아니었다. 눈에 비친 어린이들도 질병에 노출되어 있었다. 들판과 길가에는 정비되지 못한 배수로가 노출되어 있고 혹독한 날씨에도 얇은 옷을 걸치고 다니는 어린이들이 보이면 무척이나 걱정스러웠다. 어느 날 언더우드는 문득 바라본 바깥 풍경에 주목했다. 늘 밝은 미소를 띠고 있는 어린 소년을 발견했다. 어린아이는 장난스러움이 넘쳤고 미소 너머로 빛나는 선한 눈빛은 늘 그를 주목시켰다. 언더우드는 가끔 소년들의 일상을 주목한곤 했다. 어떤 소년은 나무, 채소, 거름더미를 실은 말을 끌고 시장을 방문했고 낫을 들고 가거나 길거리 청소를 했다. 또 다른 소년은 사탕 장수, 군밤 장수로 꼬마 상인이 되어 있었다. 주어진 현실을 감내해야 했던 소년들의 모습이 안쓰러웠다. 그런 모습을 바라본 언더우드가 있었다면, 반대로 소년들의 눈에 비친 선교사의 모습은 새로움과 희망 그 이상으로 비쳤을 것이다.

시간이 지나면서 제중원의 명성은 날로 높아졌다. 제중원은 최초의 근대의료기관이라는 수식어를 넘어서 한국 의학교 건립을 향해 한 걸음 더 나아갔다. 병원의 명성과 함께 의학적 지식을 갖춘 인재양성의 중요성이 커져 갔다. 의학교육에 대한 필요성은 후학양성의 절실함으로 이어져 학교 건립추진에까지 이르게 된 것이다. 언더우드는 병원 밖의 교육현장에서 혼신의 힘을 쏟으며 후학양성에 힘썼다. 1886년 3월부터 알렌과 헤론 두 의사와 함께 영어와 수학을 가르치게 되었는데, 그 대상은 최초 의학교육 과정에서 선발된 12명의 학생이었다. 5년 과정으로 진행되는 의학교육 과정은 그 의미가 남달랐다. 언더우드는 대학에서 과학을 전공한 경험으로 의학교육에 참여했다. 의학교육은 해부학과 생리학 등

세부 과목으로 나누어 교육되었다. 시간이 지나면서 병을 치료했던 병원이 확장되었고 병자들을 치료하고 전염병을 극복하기 위한 노력도 쉼 없이 이어졌다. 그리고 12년 뒤, 1908년 세브란스 의학교는 최초의 한국인 의사 7명을 배출했다.

1908년 한국인으로 최초 의사면허를 가진 7명의 청년들.

그들은 의사가 되기 위해 의학공부를 시작했지만 '일제강점'이라는 현실을 외면할 수 없었다. 식민지배 상황과 맞물려 대부분의 청년들은 독립운동의 길로 들어섰다. 그들의 이름을 기억하고 싶다. 신창희·주현칙·김희영·홍종은·홍석후·김필순·박서양 7인은 고종황제와 선교사의 노력으로 결실을 맺은 조선의학교육의 최초 결과였다. 그런데 그 결과는 우리 역사의 슬픈 기록으로 남고 말았다. 첫 졸업생으로 최초 의사가 배출되는 자리에는 일본 이토 히로부미가 참석한 가운데 졸업장이 수여되었다. 한국 의학사(醫學士)에서 역사적으로 중요한 순간이 슬픈 역사의 단면으로 남게 된 것이다. 일본제국주의가 스며들었던 시대의 흔적은 곳곳에서 확인된다. 우리나라 의학 분야도 마찬가지였다.

그들은 어떻게 되었을까.

최초 7인의 의사는 일제와 독립의 경계에서 정의로운 활동을 이어 나간 것으로 확인된다. 1910년에 중국으로 망명한 신창희는 상해에서 적십자 의원을 개원했고 홍종은과 함께 병원을 운영하면서 독립운동을 했다. 주현칙은 3.1운동 이후 상해로 망명하여 대한민국임시정부의 활동을 이어 갔다. 김희영은 3.1운동의 현장에서 체포되어 고문을 당하다가 사망했고 김필순은 서간도로 망명하여 신흥무관학교의 활동을 하며 북

제진료소를 운영했다. 박서양은
북간도로 망명하여 구세병원과
숭신학교를 건립했다. 일제의
탄압 속에서 한국인 최초의 의
사가 배출되었지만 그들은 독립
운동과 의학의 경계를 넘나드는
독립운동가 의사로 남았다. 우
리 역사에서 최초 의사 7인을 배
출한 순간이 일제강점 역사의 한
부분으로 남았지만 그들의 민족
정신은 다시 독립운동으로 피어
났다. 참으로 슬픈 역사의 단면
이 아닐 수 없다.

[그림 5] 최초 한국인 의사 7인

3. 언더우드 학당, 그리고 한영자전
(韓英字典: Korean-English Dictionary)

고종의 명에 의해 1883년 최초의 근대식 학교인 원산학사(元山學舍)와
동문학(同文學)이 세워졌다. 이어 민영익의 건의로 육영공원(育英公院)이 세
워졌지만 교육현장은 가난한 자와 사회적 약자를 위한 공간이 되지 않았
다. 하지만 교육의 필요에 대한 공감은 동일했다. 먼저 원산학사(元山學舍)

는 원산과 덕원부의 상인들이 일본 상인을 견제하고 민족교육을 위해 세워졌다. 동문학(同文學)은 외국 교섭에 필요한 인재를 양성하기 위해 세워진 교습 기관이었다. 영어학교인 육영공원(育英公院)은 미국 교사가 적극 나서서 지도했지만 학생들의 열의 부족으로 문을 닫고 말았다. 이처럼 기독교 선교사의 내한 이후 근대교육의 문이 열렸지만 다시 닫히기를 반복했다.

언더우드는 평소 평민의 소년들과 고아들을 눈여겨보았다. 그들을 위해 1886년 2월 정부 허가를 얻어서 고아들을 가르치기 시작한다. 언더우드가 운영한 학당은 고아원 25명 정도 소수의 소년으로 시작되었다. 학당의 수업과정은 생활습관과 영어, 성경공부를 포함하고 있고, 청소를 비롯한 기본 생활습관을 가르치는 것부터 평상심을 유지하기 위한 기도와 영어·성경공부를 진행했다. 운영의 지원은 선교본부에서 했다. 하지만 선교본부에서 학교의 경비가 대폭 삭감할 즈음, 학당은 위기에 처했지만 주민들의 소리 없는 후원으로 운영될 수 있었다. '예수교 학당'으로 불리며 시작된 교육은 시작은 미약했지만 점차 기적의 이야기로 채워지기 시작한다. 언더우드는 길거리에서 위중한 병에 걸려 방황하고 있는 소년을 외면할 수 없어서 돌보다가 이 학당에 입학시키기로 한다. 그 소년은 워낙 민첩해서 '번개비'로 불렸는데, 나중에 미국 버지니아주 로녹 대학에 입학하여 우수한 성적으로 졸업했다. 그리고 경신학당을 이끄는 교사, 독립운동가로 활동했는데 그가 바로 '김규식 박사'였다.

미국인 루바도가 금회 별안간 사직하고 귀국하는 데 대해서는 여러 가

32

지 풍설이 있으나 일설에 의하면 위는 李鳳來(이봉래)와 언더우드와의 사이에 가끔 비밀 교섭이 있은 결과 同人(동인)이 귀국하게 된 것이라고 하여 언더우드가 유년 시대부터 양육한 한인 金圭植(김규식)이란 자도 언더우드의 內意(내의)를 받아 수일 전 어딘가로 출발하였다 한다.[10]

비슷한 시기에 예수학당에 입학하여 기독교 문화를 익히고 영어를 배웠던 도산 안창호도 독립협회의 활동과 미주지역 한인 단체 '대한인국민회'를 조직하여 국내외 독립운동을 이끄는 지도자로 성장한 인물이다. 이처럼 교육은 개인의 삶을 변화시키고 의식을 성장시킬 뿐 아니라 시대의 변혁을 이끄는 지도자로 성장시키는 동력이 되었다. 교육자의 눈으로 잠재적 능력을 가진 그들을 주목했던 언더우드는 기적의 교육을 일으킨 중심에 있던 인물이다.

고종 25년 1888년에 언더우드는 학교로 사용할 건물의 설립을 허가해 줄 것을 요청했다. 같은 해 8월 3일 언더우드가 요청한 내용은 『고종 시대사』 14집에 수록되어 있으며 다음과 같다.

1888년(고종 25년) 8월 3일(출처: 사료 고종시대사 14)

고종 25년(1888년, 淸 德宗 光緖 14年, 日本 明治 21年) 8월 3일

발신   Dinsmore

---

10 警務顧問 丸山重俊(1905. 10. 25.), 「顧問警察事故報告: 외국인에 관한 件」, 『駐韓日本公使館記錄』 24권, 顧警第23號.

수신　이중칠

LEGATION OF THE UNITED STATES

Soul, Korea

No.86. Foreign Office   Sept. 8th. 1888

Your Excellency :

I have the honor to request that you will make known to His Majesty
the King that Dr. Heron and Mr. Underwood, American citizens
acting for the Presbyterian board of foreign missions, desire to
erect a building on land which they now own and for which they
have received little deeds which have been placed before the the[sic]
authorities of His Majesty for proper authentication for strictly school
purposes.

It is the desire of these gentlemen to establish for strictly school
purposes. It is the desire of these gentlemen to establish a college
for the instruction and education of the youths of Korea similar to
colleges in the United States.

If their undertaking shall prove successful, great benefits will be
conferred upon His Majesty's subjects by the education of the young
men of the country in english[sic]and other western languages and in

all the branches of science.

After reporting the matter to His Majesty the King, will Your Excellency favor me with an early reply.

I have the honor to be Your Excellency's obedient servant,

Hugh A. Dinsmore

To His Excellency

Yi Chung Chil

Acting President of H.K. M's Foreign Office

언더우드는 오랜 노력 끝에 1905년 '경신(敬信)'이라는 이름으로 학교 문을 열면서 정착하였다.[11] 이때부터 한국에 대한 언더우드의 사랑과 실천은 본격화된다. 1915년 종로 2가에 서울 YMCA 방 한 칸에서 시작한 경신학당 대학부 설립은 연희전문학교로 결실을 맺었다. 그 시작이 경신학당 대학부에서 출발한 역사는 의미가 크다. 언더우드는 대학설립을 하고자 모금활동을 위해 미국 북장로교회 해외 선교부를 여러 차례 방문했

---

11 Richard Rutt(1964), *James Scarth Gale and his History of the Korean People*, Royal Asiatic Society, Korean Branch, p.36.

고 그 결실은 한국에서 기적처럼 교육 불씨를 일구는 것으로 이어졌다. 더욱이 주목되는 것은 그 과정에서 교육을 통해 성장한 소년들의 변화였다. 1910년 일제강점기에 접어들자 그 소년들은 교육을 통해서 인생이 바뀌고 지식인으로 성장하였는데 그 또한 언더우드와의 인연에서 비롯된다. 그들은 국제정세를 파악하고 조국 현실을 간파하는 지식인으로 성장하여 한국독립운동을 이끄는 지도자가 되었으니 언더우드는 독립운동가의 아버지인 셈이다. 나라를 걱정하는 지식인으로 성장하는 소년들과 희끗한 머리를 날리며 독립운동의 혼을 불어넣어 준 푸른 눈의 선교사들. 그 가운데 언더우드가 있다. 언더우드는 교육의 불씨를 틔웠고 독립의 불꽃을 일으키는 역할을 했다.

언더우드는 활동 범위가 넓었던 만큼, 그가 한국에 미친 영향은 매우 컸다. 1896년 4월 7일 자 『독립신문』에 특별한 광고가 실렸다. 「한국 사람이 영국말을 배울라면 이 두 책」이라는 제목의 기사에는 한영자전과 한영문법에 대해 소개하고 있다.

> 한영자전 한영문법. 한국 사람이 영국말을 배울라면 이 두책보다 더 긴한 것이 없는지라. 이 두 책이 미국인 원두우 만든 것이니 한영자전은 영국 말과 언문과 한문을 합하여 만든 책이오 한영문법은 영국문법과 한국문법을 서로 견주었으니 말이 간단하여 영국말을 자세히 배울라면 이 책이 있어야 할 것이니라. 값은 한영자전 사원, 한영문법 삼원. 배재학당 한미화활판소에 와 사라.[12]

원두우, 바로 언더우드가 집필한 최초 한영사전이다. 1890년에 발간된 언더우드의 한영자전(A Concise Dictionary of the Korean Language)은 한영(Korean-English)과 영한(English-Korean) 두 파트로 구분되어 집필되었다. 그 외에도 한국을 알리는 많은 기록물을 남겼는데 그 가운데 한국어 소개서(Introduction to the Korean Spoken Language)도 있다. 이러한 그의 노력은 한국에 입국한 많은 기독교인들이 한국을 이해하고 한국어를 공부하는 데 큰 도움이 되었다. 물론 언더우드 외에도 많은 선교사들이 기록물을 남겼는데, 대표적인 사례로 1897년 일본 요코하마에서 제임스 게일(James S. Gail)이 발행한 한영사전도 있다.

언더우드는 1897년 한글판 기독교 신문 『한국 크리스트인 회보』와 『그

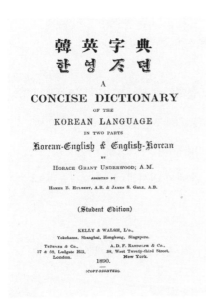

[그림 6-1] 언더우드의 한영자전(韓英字典), 언더우드 기념관

[그림 6-2] 타자기, 언더우드 기념관

---

12 『독립신문』(1897. 4. 7.); 『독립신문』(1897. 5. 12.).

리스도 신문』을 창간하여 기독교 문화를 국내에 전파하는 역할을 했다. 급변하는 근대화의 조류 속에 기독교 문화가 스며들게 하는 데 언더우드 는 선두주자가 되었다.

4. 한국 독립의 혼을 불어넣은 언더우드

1909년 9월 15일 자 주한일본공사관 『통감부문서』 기록을 살펴보면, 일본 경찰은 언더우드의 일거수일투족을 기록하고 보고[13]한 것을 알 수 있다.

憲機 第一七七一號(헌기 제1771호)

위 사람은 이달 10일 오후 10시 20분 南大門(남대문) 도착 열차로 平壤(평양)에서 입경하여 南大門 밖 濟衆院(제중원)을 방문하고 약 20분 후 西部 盤石坊 里內洞(서부 반석방 리내동)의 자택으로 돌아갔다. 그의 내력과 渡韓(도한) 후의 행동에 관하여 내사하여 얻은 개요는 다음과 같다.

1. 그는 금년 7월 하순 平壤에 와서 그 후 그곳에 체재하고 있었다고 한다.

---

13 주한일본공사관 기록. 『統監府文書』 제6권, 憲機第一七七一號.

2. 그는 약 20년 전 渡韓하여 오로지 포교에 종사한 자인데 1906년

경 京城靑年會長(경성청년회장)에 취임한 일이 있었다고 한다.

당시 그는 한국인 농락의 한 수단으로 매우 배일적인 행동을 취

했던 적이 있다고 한다. 그러므로 한국인은 오늘에도 同人에 대

해 평할 때 오히려 종교가라 말하기보다는 정략가라고 말하는

자가 많다고 한다.

3. 그는 1907년 2월경 본국 교회 본부의 허가를 받아 1년 예정으로

귀국했는데, 그때 본인 부재중 일체 모든 정황(특히 거류 일본인

의 정황)을 통보할 것을 현 靑年會 學監 金圭植(청년회 학감 김규식)

에게 기탁했다고 한다. 그리고 현재 언더우드는 청년회의 상담

역이라고 한다.

4. 靑年會 學監 金圭植은 어렸을 때(6-7세)부터 언더우드에게 양육되

어 약 7년 전 미국에서 귀국한 자이며 恩顧(은고)가 적지 않다고

한다. 언더우드가 이곳에 도착한 다음날, 즉 11일부터 金圭植으로

하여금 거의 자택에서 비서와 같은 일을 시키고 있었다고 한다.

5. 이곳에 도착한 이래 지난 12일 靑年會의 복음회에 참석한 외에

는 南大門 밖 濟衆院을 때때로 방문하고 또 거의 연일 헐버트의

방문을 받고 있다고 한다.

이상.

明治 四十二年九月十五日(명치 42년 9월 15일)

「언더우드의 동정에 관한 보고」 내용에는 언더우드가 탄 열차의 도착시간, 방문장소, 방문시간, 주요행동 등 일거수일투족이 기록되어 있다. 그만큼 언더우드의 활동이 한국과 일본에 미친 파장이 컸으며, 그런 인물이었다는 것을 말해 준다. 1909년 7월 19일 '선교사 언더우드는 병에 걸려 귀국하여 요양 중이었는데 병환이 쾌유하여 귀환한다는 통보가 종로청년회에 도착했다'는 소식이 전해졌다. 그의 귀국에 경성에 소재한 각 신문사 사장은 성대한 환영회를 열겠다고 협의 중이라는 소식을 전했다.[14]

일제의 감시가 삼엄해지면서 언더우드의 활동은 다른 면도 주목되었다. 1909년 언더우드의 입국 이후 일본이 주목한 것은 그의 활동이 급변하는 한국에 어떤 영향을 미칠 것이며 어떤 영향을 가지는가에 대한 관심이었다. 특히 언더우드 선교사 입국과 그의 활동과 함께 드러나는 기부금과 귀국 후 영향 등을 주시한 것으로 보인다.

1909년 9월 21일 「미국인 선교사 언더우드에 대한 追報(추보)」 내용은 다음과 같다.[15]

미국인 선교사 언더우드
그 후 들어서 안 바에 의하면

---

14 주한일본공사관 기록(1909. 7. 19.), 「선교사 언더우드의 귀환 환영회 건」, 『統監府文書』 제6권, 憲機第一四四二號.
15 주한일본공사관 기록, 『統監府文書』 제6권, 憲機第一八〇六號.

1. 언더우드는 귀국하였을 때 본국 교회에 유세하여 한국 포교비로 60만圓(원)의 기부금을 모집하였다고 한다.

2. 前項(전항) 60만圓의 기부금은 현재 본국 교회 본부에서 보관 중이며, 필요에 따라서는 인출할 계획이라고 한다.

3. 그는 그 돈으로 한국에서 병원과 학교를 설립할 계획으로 7년 간 지속되는 사업으로 삼을 考案(고안)이라고 한다.

이상.

明治 四十二年九月二十一日(명치 42년 9월 21일)

주한일본공사관의 기록을 살펴보면, 일본은 언더우드의 활동을 지속적으로 감시한 것으로 확인된다. 그 이유는 한국인과 친밀한 관계에 있었던 언더우드 신교사와 독립운동가의 활동에 대한 연관성에 대해 일본은 일찍이 주시하고 있었기 때문이다. 더 나아가 그의 선교 모금활동과 독립운동 지원으로 향후 국내 독립운동을 활발하게 할 가능성도 염두에 두었기 때문에 그의 활동은 독립운동과 연관성을 가진다고 주목하고 있었다.

근래 야소교의 발호가 극심해서 孔孟之道(공맹지도)가 쇠퇴하였으므로, 이것을 회복하기 위해 음력 10월 15일을 기해 야소교 배척운동을 하게

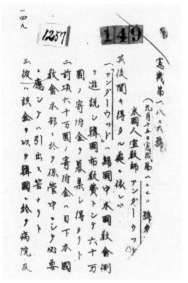

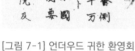
[그림 7-1] 언더우드 귀한 환영회

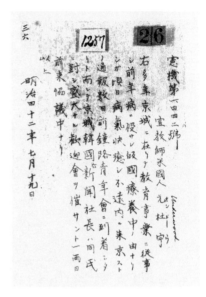
[그림 7-2] 언더우드에 대한 추보

되었다.

일본은 한국의 불온 세력에 기독교 선교사가 연관되어 있고, 기독교와 독립운동가가 긴밀하게 관계하고 있는 것에 주목하고 있었다. 따라서 기독교 배척운동이 독립운동의 배척으로 귀결될 수 있는 상황으로 파악했다. 특히나 기독교의 전국 순회활동은 비밀교섭 활동의 범주에 있었다고 보았기 때문에 일제의 감시대상에서 예외가 아니었다.

1909년 9월 10일 통감부에 보고된 문서 「한국인 장로회 개최상황 보고의 건」에는 기독교계의 지방교류가 활발했으며 언더우드의 활동 범위도 넓었다는 것을 확인시켜 준다.

미국인 선교사는 平壤(평양)에 거주하는 자 13명, 다른 지방으로부터 참회한 자 남녀 52명이다. 회의의 임원은 議長(의장) 釜山(부산) 스미스, 會計係(회계계) 京城(경성) 겐소, 書記(서기) 平壤(평양) 막군, 동 조수 大邱(대구) 에식쿠양으로 지금까지 한국인 목사를 平壤(평양)에 1명, 黃海道(황해도)에 1명, 濟州道(제주도)에 1명, 甑山(증산)에도 1명, 平壤 郡川(평양군천)에 1명, 宣川(선천)에 1명, 龍岡(용강)에 1명 합계 7명을 배치하였지만 교도 증가에 따라 인원 부족을 느끼게 되어 새로이 8명의 목사를 증가하여 유망지에 파견하기로 결의하며…[16]

위의 기록에 의하면, 한국인 장로회에 출석한 이들은 80명으로 확인된다. 추대된 한국인 목사 이기붕과 함께 교류하고 있는 전국의 목사, 장로, 학생 등 인원수도 명시되어 있다.

기록을 살펴보면, 한국인 목사 62명, 한국인 장로 112명, 한국인 조수 173명, 한국인 남자 전도사 68명, 한국인 여자 전도사 59명, 매서인 74명, 의원 15명, 본년도 세례자 8,419명, 세례신도 31,327명, 아동 세례자 3,648명, 시중 신도합계 30,389명, 신도합계 119,308명, 신학교 148개교, 대학교 1개교, 남자중학교 19개교, 여자중학교 4개교, 남녀소학교 695개교, 대학 생도 23명, 남중학 생도 1,155명, 여중학 생도 233명, 남소학 생도 12,650명, 여소학생 2,911명, 예배당 1,184개, 전도비용 699,389兩(냥), 학교비 8,092,818兩 등이 기록 보고되었다. 또한 이 장소에 언더우드 박

---

16 주한일본공사관 기록(1909. 9. 10.), 「한국인 장로회 개최상황 보고 件」, 『統監府文書』 제6권.

호러스 언더우드, 대한과 고종을 지키다   43

사부부와 헐버트가 참석한 내용이 확인되며, 그의 언동에 대한 탐색도 보고되었다. 일본 경찰은 언더우드의 활동을 심각하게 받아들였으며 주요 감시대상을 주목하였다는 것을 알 수 있다.

여기서 하나의 의문점이 든다.

과연 언더우드는 '한국의 독립을 위해 활동한 독립운동가였는가' 하는 질문이다. 1909년 11월 9일 주한일본공사관의 「언더우드의 동정에 관한 보고」에 의하면, '언더우드는 주의 인물 헐버트와 종래 친밀한 사이로 모든 행동을 같이하고 있다는 소문이 있다'라고 보고되었으며, 당시 헐버트는 '한국의 자선병원 건설을 목적으로 수만 원을 모집하고 경성으로 돌아왔다' 하는 등 그의 활동은 일본으로부터 주목받은 것은 사실이다.

1919년 7월 15일 『신한민보』에 「일본의 야만 같은 법률 단행」 기사가 실렸다. 일본이 한국민족을 학살하는 사실에 대해 비밀보고를 하고 있으며, 당로교회 총회에서 교회 선교사가 잡혀간 사실과 함께 일본의 가혹한 검열에 대한 내용이 발표되었다. 이러한 내용은 특히 3.1운동과 일본의 야만적 행동을 대외에 알린 기사였다.

독립운동이란 무엇인가. 한 나라가 다른 나라를 속박하고 억압한 현실을 마주했던 일부 선교사의 시야에 비친 한국의 모습은 나라의 경계를 떠나 평화를 위한 실천의 선택이었다. 독립운동이 총과 칼로 저항하는 것만이 아니듯이 정의로움을 펼치는 데 한국인과 외국인의 구분은 없었다는 점이다. 언더우드의 일생 곳곳에 스며 있는 불의에 항거하는 정의로움, 그것이 한국 독립을 위한 것이었다면, 그는 독립운동가라고 말할 수 있다. 일본 제국주의로부터 피폐해져 가는 한국의 모습과 어린 소년

[그림 8] 연세대학교 언더우드관

들을 바라보며 무엇이 그들을 움직이게 만들었을까 하는 물음이 스친다.

1921년 10월 30일 『동아일보』에는 「언더우드氏 夫人(부인) 릴리애스스
터링 홀돈氏 逝去(서거), 조선의 고아사업·의료사업을 위하야 공로가 만
흔부인」 기사가 실려 있다. 언더우드 부인의 활동을 소개했다.

언더우드의 활동은 그에게 머물러 있지 않았다. 그의 부인과 자녀에
게로 끊임없이 활동이 이어진다. 우리나라에 교육기관을 설립하기 위해
태평양을 오가며 설립기금을 모집하면서 언더우드는 조선기독교대학
(Chosen Christian College) 설립에 나섰다. 이러한 그의 활동에는 국경을 뛰
어넘어 그 시대가 원하는 소리를 대변하는 활동이 담겨 있다. 자유의 빛
을 잃어 가는 한국을 바라보며 푸른 꿈을 꾸고 있는 소년 소녀들에게 그
가 찾아 주고 싶었던 것은 꿈들.

5. 언더우드, 대한과 고종을 지키다

언더우드의 활동을 찾는 과정에서 놀라운 사실을 발견했다. 1895년 을미사변(乙未事變)은 한국의 침통한 역사를 대변한다. 1895년 10월 6일 일본공사 미우라와 일본 낭인들이 경복궁에 진입해서 명성황후 민씨(明成皇后 閔氏)를 시해한 사건이 바로 을미사변이다. 충격이었다. 국모 시해 이후 고종과 명성황후의 침소인 건천궁에 난입한 일본 낭인들은 명성황후의 폐출 조서를 강요하며 위협했다.

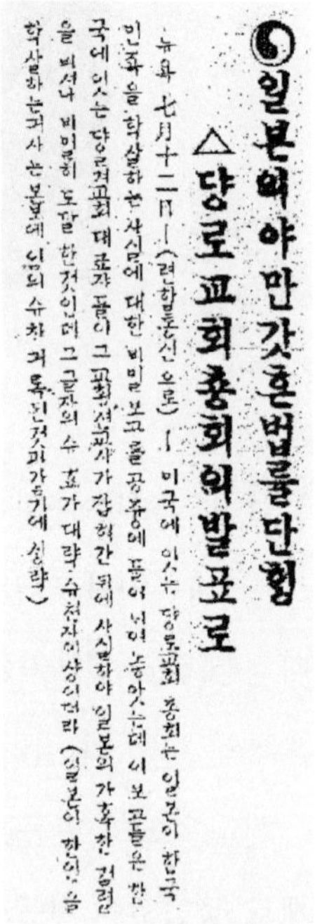
일본의야만갓흔법률단협
△당로교회총회의발표로
뉴욕 七月十二日 (련합통신으로) 미국에 잇는 당로교회 총회는 일본이 한국민족을 학살하는 사실에 대한 비밀보고를 공중에 풀어 너어 놓앗는데 이 보고들은 한국에 잇는 당로교회 대표자들이 그 교회선교사가 잡혀간 뒤에 사실하야 일본의 가혹한 검련을 비서나 비미히 도달한것인데 그 글자의 수효가 대략 슈쳔자에 상이러라 (일본이 한인을 학살하는거사는 본보에 임의 슈차 긔록된것과 가흔기에 생략)

[그림 9] 뉴욕의 『미국연합통신』 1895년 7월 12일 기사 내용

그때, 신변의 위험을 감지한 고종은 선교사들에게 도움을 요청했고, 언더우드를 비롯한 선교사들이 입궐해서 고종을 지켰던 것이다. 언더우드를 비롯한 선교사들은 당시의 행동을 가리켜 "보통 사람들이 가지는 연민의 정에서 나온 것이며 그것도 가능한 한도에서 행하여졌을 것"이라고 하였다.[17]

선교사들은 당시 상황을 보고했고 이 일이 정치적으로 무관한 일이라

17 J. S. Gale(1969), *Korean Sketch Reprinted*, Yonsei Univ. Press, pp.67-68.

고 했던 미국정부를 향해 조선에 대한 방관적인 정책을 수정해 줄 것을 제의했다.[18] 하지만 미국 정부는 정치적 엄정중립을 지키라는 입장을 통고문으로 전달했다.

국무장관의 지시에 따라, 잠시 혹은 영구히 한국에 체류하는 모든 미국시민들에게 누차 표명한 바 있는 미국정부의 견해를 통보한다. 즉 외지에 나가 있는 미국시민으로서 올바른 길은 주재국 국내문제에 전혀 개입하지 않는 것이 본국정부에 대한 국민의 의무로 되어 있다. … 또 정치적 문제에 개입하는 일도 없어야 한다. 체류국 주재 미국정부의 대표자나 미국정부 자체도 그러한 행동을 인정하지 않으며 만일 충고를 무시한다면 이로써 생기는 모든 결과에 대하여 적절한 보호조치가 어렵다고 생각한다.

정치적으로 혼란한 가운데 자국민 지키기에 나섰던 미국정부의 입장과 대치되었던 선교사들의 행동. 언더우드를 비롯한 선교사들은 고종 지키기에 나섰다. 일제 침략의 의도와 만행의 부당함에 대한 보호적 조치였다고 하였지만 언더우드는 대한과 고종을 현실을 외면하지 않았다. 대한을 지킨 푸른 눈의 선교사들. 시대의 옳고 그름을 분별하는 사람의 대열에 섰던 선교사 "언더우드는 분명 대한의 독립운동가였다"라고 평가할 수 있다.

---

18 高麗大學校 亞細亞問題硏究所編(1895. 10. 12.), 「王后弑犯治罪의 件」, 『舊韓國外交文書』第十一卷, 美案 II.

앨리스 해먼드 샤프,

유관순과 운명적으로 만나다

앨리스 해먼드 샤프(Alice J. Hammond Sharp, 사애리시, 1871-1972)

1. 고마나루에 스며든 근대 역사의 빛

어둠이 짙게 깔리면 충청남도 공주시의 산자락은 불빛으로 밝혀진다. 공주 시내를 가로지르는 금강은 오후에는 은빛으로 물들고 저녁에는 공산성의 불빛으로 채워진다. 아름다운 풍경을 품은 고마나루에 스며든 충남 공주의 과거는 어떠했을까. 충남 공주는 서기 475년 백제의 웅진으로 천도되었고, 통일신라에는 웅천주, 고려시대에는 공주목, 그리고 충남 도청 개청으로 충청지역의 거점도시가 된 곳이다. 백제시대에는 '고마나루', 웅진으로 불렸는데, '곰'을 의미하는 토테미즘의 신앙이 흔적으로 남아 있지만 이같이 불리게 된 기원은 명확하지 않다.

근대에 들어서면서 철로가 공주에서 대전으로 바뀌면서 도청이 이전되었지만 그 이전에 공주는 충청지역의 중심도시였다. 특히 경상도와 충청도, 강원도 등 주변 지역으로 가는 길목에 위치했기 때문에 근대 역사에서 중요한 지역으로 보아도 손색이 없다. 또 다른 시각에서 공주는 교육의 도시로도 주목받았다. 선교를 위해 입국한 선교사들이 선교와 교육의 열정을 뿜어낸 곳이기 때문이다. 1884년 북감리회 선교사는 국내에 입국한 뒤 대도시를 중심으로 본격적으로 활동을 시작했는데, 충청지역은 1893년 메리 스크랜튼이 수원과 공주의 선교 책임자가 되어 공주를 방문하면서 선교활동의 중요성이 제기되고 있었다.

> 서울에서 수원을 거쳐 좀 더 내려가다 보면 충청남도의 수도인 공주가 나오는데, 이곳은 서울에서 1백 마일 거리에 있습니다. … 수원과 공주를 잇는 도로 양쪽 지역은 우리의 선교구역으로 이 지역에는 13명의 입교인과 315명의 학습인이 있습니다….[1]

1896년에 메리 스크랜튼은 지역을 순회 방문하는 과정에서 충남 공주를 방문했는데, 당시 공주지역 교인은 소수에 불과했다. 하지만 충청도의 요충지였던 공주가 지리적으로 중요하다고 주시했던 선교부는 공주에 선교사를 파견하게 된다. 메리 스크랜튼은 지역별 거점 스테이션을 만들면서 한국선교에 지원이 필요하다는 것을 선교부에 보고했고 공주도 논의된 선교 스테이션으로 부각된 지역 중 하나였다.

> 공주는 충청도의 요충지입니다. 그리고 그림 같은 금강으로 서서히 기울어져 내려가는 높은 산등성이 뒤에 위치한 아름다운 소도시입니다. … 어디에서든지 공주의 영향력이 행사되고 있기 때문에 이곳은 이 고

1　American Baptist Foreign Mission Society(1899. 7.), *The Baptist Missionary Magazine*, Vol.I_ XXXIX No.7, p.258.

장 선교사업의 결정적인 요충지라 할 수 있습니다.[2]

공주지역의 최초 선교사는 에드워드 폴링(Edward C. Pauling) 목사였다. 그는 1901년 4월 공주와 강경의 선교기지를 이양받은 뒤 충청남도 일대에서 기독교를 전파하며 12개 군데에 교회를 설립하기 시작했다. 1902년에는 스웨어러(Wilber. C. Swearer) 선교사와 존스 선교사가 공주를 방문하였는데, 공주지역에 땅을 구입하였고, 이후 공주지역의 북감리회 스테이션이 본격적으로 설치되었다. 스웨어러 선교사는 "공주의 선교사 거주지는 가을에 입주할 것이고, 전도자와 의료종사자를 수용하기 위해 공주에 지어질 것입니다"라고 보고서에 기록한 바 있다.

[그림 1] 공주지역 최초의 교회 '공주침례교회'[3]

2 W.C. Swearer(1902), "Su-Won and Kong-Ju Circuit", *Official Minutes of the Enghteen Annual Meeting Korea Mission Merthodist Episcopal Church*, pp.53-54.

3 Malcomb C. Fenwick(1911), *The Churches of Christ in Corea*, Hodder&Stoughton.

1898년 수원과 공주지방을 다녀왔던 메리 스크랜튼(Mary F. Scranton, 1832-1909)은 지역의 교인들을 만나 보는 과정에서 여러 여성을 만났고 형편이 어려운 교인들을 만난 뒤에는 마음이 무겁다고 보고하였다. 이후 공주지역의 선교사 파송이 본격화되었다. 공주 선교의 필요성이 제기된 지 얼마 지나지 않아 로버트 샤프 부부가 공주와 인연이 되었다. 본 주제의 주인공인 앨리스 샤프(Alice J. Hannond Sharp, 사애리시, 1871-1972)는 남편 로버트 샤프(Robert A. Sharp, 1872-1906)와 함께 1904년 공주에 파송되었다. 여기서부터 필자는 이들을 '사애리시 부부'로 표현한다. 앨리스 샤프의 이름 또한 한국 이름으로 많이 알려진 '사애리시'로 일컬어 그녀의 일생을 기록하려고 한다. 사애리시 부부는 공주를 비롯하여 충청지역에서 선교 및 교육에 일생 동안 열정을 쏟아 내고 은퇴하였다. 특히 한국여성의 의식계몽을 위해 교회를 설립하여 교육의 통로를 열고 한국여성의 가슴에 사랑과 평화의 불씨를 싹틔운 사애리시, 우리는 그녀를 한국독립과 애국신앙을 일으킨 푸른 눈의 한국 어머니로 기억하고 있다.

2. 공주 선교사 가옥사(史), 그리고 사애리시

태평양을 건너 전해진 사애리시 여사의 기사.

1971년 4월 『스타뉴스』 기사에는 사애리시 여사의 '백수생일' 내용이 실렸다. 이 기사가 주목되는 이유는 꽃피는 젊은 날 그녀가 한국을 위해 헌신한 인물이기 때문이다. 사애리시는 백수 생일을 축하하는 자리에서

도 한국에 대한 이야기를 멈추지
않았다. 그녀는 '39년간 한국에서
의 선교활동은 즐거운 봉사였다'
라고 회고하였다. 과연 우리는 먼
타국땅에서 자신의 젊음과 열정
을 어느 정도 쏟아 낼 수 있을까.

사애리시는 한국에서 여러 이
름으로 불렸다. '사부인' '앨리스
샤프' '앨리스 해먼드' '미세스 샤
프' '사애리시 부인' 등 그녀를 부

JˉˉOUS 100 YEARS—Mrs. Alice Hammond Sharp, right,
honored at reception at Robincroft on her 100th birth-
day, looks over book of mementos of missionary days
in Korea with her life-long friend, Miss Hazel Hatch.

[그림 2] 1971년 4월 『스타뉴스』 기사

르는 호칭은 다양하다. 그녀의 일생을 나타내는 다양한 이름들은 한국에
대한 헌신과 노력, 그리고 친밀감을 알 수 있다. 사애리시는 1871년 4월
11일 캐나다에서 출생하여 미국 오하이오주에서 활동했다. 한국과 인연
이 닿으면서 국내에 선교사로 입국하게 되었다. 1897년 뉴욕연합선교훈
련원의 훈련과정을 거쳐 1900년 미감리회 해외여성선교회를 통해 한국
으로 파송되었다. 한국에 입국한 뒤에는 서울 상동교회에서 주일학교를
비롯하여 전도 활동을 했다. 이화학당에서 선교활동을 하면서 여성의 의
식변화와 교육에도 힘쓰는 활동을 이어 갔다.

사애리시는 선교사였다. 필자는 사애리시의 활동을 추적하며 앞서 연
구한 기록을 살펴보는 과정에서 기존의 사애리시를 바라보는 시각이 기
독교인, 신앙인에 고정되어 있다는 것을 알 수 있었다. 물론 사애리시의
활동이 한국기독교의 역사에 미친 영향과 역사적 의미가 크다. 필자가

언급하고 싶은 것은 사애리시가 한국여성독립운동 역사에도 중요한 역할을 한 인물이 분명하다는 사실이다.

일제강점기 고난의 시대에 한국인과 함께 삶을 이어 갔던 그녀에게는 분명 한국인들과 함께 독립의식을 공감했다는 것을 주목할 필요가 있다. 특히 충남 공주는 사애리시 선교사에게 인연이 깊은 곳이다. 사애리시가 국내에서 마지막까지 머물렀던 곳이고 그 흔적이 지역 내에 고스란히 남아 있다. 특히 생전에 생활한 공간이었던 '공주 중학동 구(舊)선교사 가옥'은 현재 공주시 등록문화재 제33호로 지정되어 현존가치가 높은 근대 건축물이다. 동시에 공주시 중학동 산기슭에 위치한 '공주 중학동 구선교사 가옥'은 충청 일대에서 선교활동의 기반을 다졌던 부부 선교사, 샤프 부부의 추억이 스며 있는 곳이기도 하다.

1911년 「The United Methodist Church」의 자료에 의하면 '감리교 공주

[그림 3] 감리교 공주선교부 및 선교사 사택, The United Methodist Church

선교부 및 선교사 사택은 그 당시 여러 채의 선교사 가옥, 학교가 있었던 것으로 확인된다. 그 가운데 현존하는 선교사 가옥은 가장 남쪽에 위치해 있는 곳이다.

현존하는 선교사 사택은 지하 1층, 지상 3층의 건물의 근대양식 건축물이다. 공주영명학교 뒤편에 위치한 것으로 볼 때, 학생들과 정겨운 교류가 있었던 것으로 보인다. 최초 선교사 가옥은 1904년 공주에 부임한 사애리시 선교사의 남편 로버트 샤프 선교사(Robert Arthur Sharp, 1872-1906)가 설계한 것으로 기록되어 있으나 현존하는 선교사 가옥은 건축연도에 이견이 있다. 2007년 문화재청에서 진행한 '공주 중학동 구선교사 사옥 기록화 조사'의 보고서에 의하면 선교사 가옥의 건축연대는 1921년 10월 23일로 추정된다고 밝혀졌다. 하지만 선교사 가옥의 건축연도가 사애리시와 남편 로버트 샤프가 1904년 공주에 파송되어 선교활

[그림 4]
1906년 선교사 주택 모습, 국립
공주대 공주학연구원

동을 시작한 시점이라는 이견도 있다.

공주영명중고등학교의 『영명 100년사』 기록에 의하면, 공주 선교사 사택의 건축은 1905년 중국인 기술자들에 의해 시공되었다고 기록되어 있다. 하지만 모든 건축 과정에서 '사애리시 부부가 주도하여 작업되었다'는 것은 선교사 보고서의 기록에서 확인된 내용이다. 봄이면 선교사 가옥 근처에는 쑥과 향긋한 봄나물을 캐는 방문객이 많다. 옛 시절의 선교사들도 학생들과 봄향기를 맡으며 겨울을 견뎌 내고 피워 낸 꽃을 마주했을 것이다. 어려웠던 시절에 학생들과 웃고 뛰어다니면서 사랑을 전해 주었듯이 말이다.

사애리시 부부는 선교사 사택을 직접 설계하고 건축하면서 공주 선교사 사옥의 벽돌을 하나씩 하나씩 쌓아 올리면서 하루를 보냈고 그런 와중에 선교활동을 이어 나갔다.

지난해 정기연회 이후 공주로 돌아와 이 일을 즐겁게 담당했다. 여름 내내 목수, 석공과 함께 서서 지내는데 너무 가까이에서 그들을 감시해 그들 스스로 "부인이 늘 지키고 있으니 속이는 것이 거의 불가능하다"고 말할 정도였다.

필자는 사애리시 선교사 부부의 활동을 살펴보는 과정에서 또 다른 놀라운 기록과 마주했다. 사애리시 부부의 혼인기록이다. 사애리시 부부는 1903년 6월 30일 '이화학당 본관'에서 결혼한 최초 선교사 부부라는 사실이었다.

[그림 5] 1900년의 이화학당 메인홀, 『이야기 사애리시』

목사인 미스터 샤프와 미스 해먼드의 결혼이 오랜 약혼 기간 동안 '진심으로 원했던 것의 행복한 완성'이라고 하늘의 새도 속삭였다.

이화학당의 마당과 베란다는 여러 개의 등불로 아름답게 밝혀졌고 실내는 초록색의 잎사귀와 조팝나무 그리고 아름다운 엷은 잎의 실물로 우아하게 장식돼 있었다. 6월 30일 저녁 8시 조금 지나 결혼행진곡의 음악이 하객들을 넓은 복도로 향하도록 알리는 가운데 신부와 신랑은 넓은 계단을 내려와 식장으로 입장했다….

1903년 『코리아 리뷰』 6월호의 내용에 의하면 사애리시 부부의 결혼은 노블 박사의 주례로 축복 속에 거행되었다고 한다. 사애리시 부부는 혼인한 뒤에 충남 공주로 이동하였다. 공주에 도착한 뒤, 사애리시는 충청지역 여성을 대상으로 기독교 전도 활동을 시작하였고 교육활동에도 깊은 관심을 가졌다. 하지만 당시 상황은 녹록지 않았다. 특히 가부장 체제에 있던 여성은 교육에서 소외되었을 뿐만 아니라 사회에서 그 역할도 미미했다.

영국여성 이사벨라 버드 비숍(Isabella B. Bishop, 1831-1904)은 1894년부터 한국을 네 차례 방문하였는데, 한반도를 답사하면서 한국여성의 사회적 위치를 객관적으로 관찰 기록하여 다음과 같은 소감을 남겼다.

여성 천 명 가운데 두 명 정도가 글을 읽을 수 있다. … 미신, 남자들의
잘못된 교육, 문맹, 극히 낮은 법적 권리, 그리고 냉혹한 관습은 세계
의 어떤 국가보다 더 낮은 지위를 여성에게 안겨 주고 있다.[4]

당시 한국여성은 근대화의 조류 속에 있었지만 철저한 가부장제 분위기로 인해 사회활동이 소외되어 있었다. 존중받아야 할 인간, 주체적인 여성 존재가 아니라 사회제도 속에 갇혀 있는 여성과 마주했다. 사애리시는 기독교 선교활동을 하는 가운데 배타적인 시각으로 치우친 사회를 호기심으로 바라보았다. 1884년 기독교가 전래되고 1891년부터 지방 선교활동이 본격적으로 시작되었다. 그즈음 맥길 선교사와 한국인 이용주 전도사가 함께 공주에 머물렀다. 공주시 남부면 소재 초가 두 동을 구입하여 선교활동과 의료사업을 시작했다. 건물의 내간은 의료활동, 외간은

---

4 Isabella Bird Bishop(1905), *Korea and Her Neighbours*, John Murray, p.336.

예배당으로 운영하였다. 이곳이 현재 공주제일감리교회의 시작이었다.[5] 사애리시는 남편과 함께 공주에 도착한 뒤, 자신이 해야 할 역할을 찾아 나섰다. 사회로부터 소외된 여성에 주목하고 여성교육을 위한 주일학교 개설, 강좌 개설을 통해서 여성들에게 자극제를 주었고 사회의 변화를 이끌어 내기 시작했다.

당시 전도활동을 위해 나섰던 사애리시의 남편 로버트 샤프는 부인과 함께 충청도 지역에서 활동한 일화를 기록으로 남겼다.

> 충청도 동남쪽에 있는 한 작은 읍에 도착했을 때는 추운 11월의 저녁이었다. … 3명의 방문객이 우리와 안면을 익히기 위한 인사를 왔는데 그들 중 한 사람만 갓(Hat)을 쓰고 있었다. … 갓을 쓴 한 사람은 우리 앞에 큰절을 하고 여러 질문이 섞인 인사말을 한 후 두 번째 사람에게 갓을 벗어 주자 똑같이 절을 하고….[6]

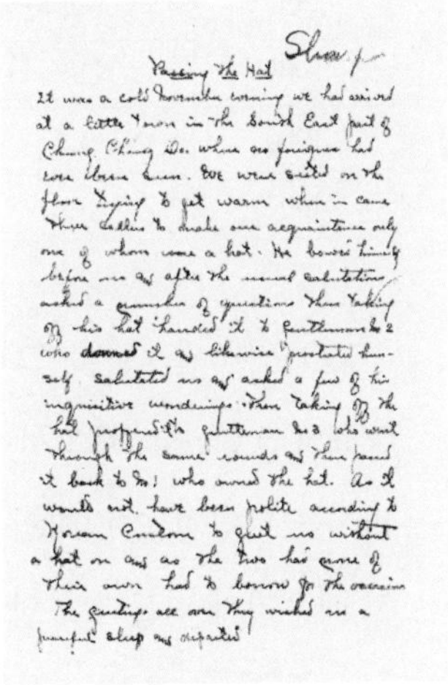
Sharpe

Passing the Hat

It was a cold November evening we had arrived at a little town in the South East part of Chung Chung Do. where no foreigner had ever been seen. We were seated on the floor trying to get warm when in came three callers to make our acquaintance only one of whom wore a hat. He bowed himself before us and after the usual salutation asked a number of questions then taking off his hat handed it to gentleman No 2 who donned it and likewise prostrated himself, salutated us and asked a few of his inquisitive wonderings. Then taking off the hat proffered the gentleman No 3 who went through the same rounds and then passed it back to No 1 who owned the hat. As it would not have been polite according to Korean Custom to greet us without a hat on and as the two had none of their own had to borrow for the occasion. The greetings all over they wished us a peaceful sleep and departed.

[그림 6] 로버트 샤프의 충청도 활동 자필기록

이방인의 눈에 비친 한국 양반의 전통문

---

5 김진규, 「개화기 공주지방의 기독교 문화 서설」, 국립공주대학교 공주학아카이브(https://kjha.kongju.ac.kr/kjarcintro/main), 60쪽.

6 Robert Arthur Sharpe, "한국인의 모자 빌려 쓰고 인사하기", 드루대학교 보존 기록물; 임연철(2019), 『이야기 사애리시』, 신앙과지성사, 56쪽.

화는 놀라웠다. 만나는 사람과 나누는 수(手)인사가 이곳의 통상적인 인사법이라는 것도 놀라웠지만, 모자를 갖추지 못해서 하는 모자(갓) 건네기 인사를 하는 모습은 이채롭게 느껴졌다고 기록하였다. 사애리시와 남편 로버트 샤프 선교사는 새로웠던 한국 전통문화와 마주하면서 공주뿐만 아니라 논산, 강경 등 충청 일대로 선교의 발길을 옮겼다. 1905년부터 1907년 사이의 공주지역 교세 현황을 살펴보면 다음과 같다.

[표 1] 공주지방(충청지방) 교세 현황[7]

연도	교회수	교인수	교회임원수	총인원수
1905	10	2,023	101	2,124
1906	13	3,971	161	4,134
1907	19	9,616	454	10,070

1905년 6월 「한국 그리스도교 세계선교협의회(Korean World Mission Council for Christ)」 보고서에 따르면 공주에서 처음 열린 '사경회'에서 사애리시는 다양한 연령대의 신도들, 그리고 여성들과 만났다. 나이가 많아서 배우기가 힘들다고 말하는 신도들에게는 용기를 북돋워 주었다.

공주에 온 이후 나는 주일학교 소녀반에 대해 매우 흥미를 갖게 되었다. … 사경회 참석자는 12살부터 60살까지 연령대가 다양했었다. 특

---

7 김진규, 「개화기 공주지방의 기독교 문화 서설」, 국립공주대학교 공주학아카이브(https://kjha. kongju.ac.kr/kjarcintro/main), 62쪽.

히 나이 든 여성들이 조금 공부를 하다 말고 "배울 수가 없다. 나는 너무 늦었다"고 말하며 돌아앉는 경우가 많아 그들에게 자꾸 권유하며 북돋아 주느라 계속 바쁠 수밖에 없었다.[8]

1906년 8월의 「코리아 미션필드(Korea Mission Field)」에 기고한 사애리시의 글을 살펴보면 당시의 봉건적인 분위기를 알 수 있다.

여자들도 예배에 참석할 수 있게 하라고 남자들에게 약속시키려 하였으나 그들은 공간이 협소하고 또 여자들은 아무것도 모른다고 말했다….

사애리시는 여성교육의 통로를 개척한 인물로 주목받는다. 왜냐하면 충남 공주에서 처음으로 근대 여성교육기관을 설립하였기 때문이다. 사애리시에 의해 1905년에 문을 연 학교는 '명선여학당'이다. 설립된 '명선여학당'의 창설이념은 다음과 같다.

한국여성의 전통적 미덕과 품성 위에 선진문화를 받아들여 인생관을 가질 수 있게 하여 인류문화의 공동수준에까지 올라가도록 이끌어 주는 것이 바로 우리 명선학당의 설립이념입니다.[9]

---

8 KWMC(Korean World Mission Council for Christ) 보고서(1905. 6.)
9 공주영명중고등학교(2007), 『영명100년사』, 영명100년사 편찬위원회, 95-96쪽.

명선여학당은 충청지역 최초 여성교육기관이다. 1886년에 설립된 이화학당과 정신여학교, 숭의여학교, 호수돈여학교에 이어 설립된 초창기 근대여성교육기관이라고 할 수 있다. 명선여학당의 교육 목표를 살펴보면 다음과 같다.

1. 신앙에 터를 두고 자아의 발견으로 생활을 정화하자.
2. 생명을 존중하고 개화에 힘쓰자.
3. 국가와 사회에 공헌하는 사상을 갖자.
4. 고결한 성품과 가정의 융화로 생활습속을 바로잡자.
5. 배우고 또 배워서 지식을 넓혀 인류에 공헌하자.
6. 인류공존의 의의를 깨닫고 이를 실천하자.
7. 국가와 민족의식을 굳게 하자.

사애리시의 여성교육에 대한 소망은 명선여학당을 시작으로 이후 공주영명여학교(公州永明女學校) 설립으로 이어졌다. 이 과정에서 활발했던 사애리시의 활동 공백기간이 확인되는데, 그 이유는 한국에서 겪은 큰 변화 때문이었다.

사애리시의 공백기. 사애리시의 일생을 뒤흔들었던 큰 사건이 일어났다. 다름이 아닌 남편 로버트 샤프의 갑작스런 죽음이었다. 충청 일대에 선교 순회 활동을 나섰던 남편 로버트 샤프가 장티푸스에 걸려 고열과 복통에 시달리다가 1906년 3월 5일 갑자기 세상을 떠나고 말았다. 사애리시 부부가 공주에 정착한 지 1년이 채 되지 않았을 때 일어난 일이었

[그림 7] 현존하는 선교사의 집

다. 그날 이후로 사애리시의 활동도 멈추었다. 남편의 사망에 충격을 받은 사애리시는 휴가를 받아 미국으로 떠났고 공주지역의 선교활동은 잠시 중단되었다.

1907년 연회 보고서에서 서원보 선교사는 사애리시의 남편 샤프 선교사의 희생에 대해 언급하였다.

공주는 선교기지로서 처음 사업이 시작되었다. 언덕 위의 집 뒤쪽에는 덤풀과 작은 꽃나무들로 둘러싸인 작은 무덤이 하나 있다. 이 속에는 한 젊은 이가 누워있는데 … 그의 집은 그의 기념물로서 서 있고 한 영웅적인 영

[그림 8] 샤프 선교사의 묘, 영명중고등학교 뒷산 소재

혼이 자기 희생을 한 것을 나타내 준다….

공주와 충청지역에서 선교활동에 힘을 보태었던 샤프 선교사는 영명
학교의 뒷산에 안장되어 현재 묘와 묘비가 남아 있다. 영명중고등학교
뒷산의 선교사 묘역에는 사애리시 부부 외에도 테일러(Taylor) 선교사의
자녀(Ester, 1911-1916), 윌리엄스(Williams) 선교사의 자녀(Olive, 1909-1917),
아멘트(Amendt) 선교사의 자녀(Roger, 1927-1928)와 윌리엄스 선교사의 아
들 우광복(George Z. Williams, 1907-1994)의 묘가 함께 있다.

3. 명선여학당, 그리고 영명여학교(永明女學校)의 사애리시

충남 공주에서 최초 근대교육기관이 사애리시에 의해 세워졌고 공주
의 여성교육 첫걸음이 시작되었다는 것은 분명하다. 하지만 명선여학당
의 정확한 설립 일자는 확인되지 않는다.
공주지역의 선교활동이 사애리시 부부로부터 시작되었고 초가집 두
채로 운영된 공간은 예배소와 학교로 나뉘어 사용되었다. 사애리시의 주
도로 운영된 명선여학당은 2명의 여학생이 입학하면서 학교의 문을 열
었다.

Some Time in 1904

Reverend Robert Sharp organized a small school with one teacher and a few boys in attendance, after sharp's death during 1906, the school was closed.

1904년에 로버트 샤프는 한 명의 교사와 몇 명의 소년이 출석한 조그만 학교를 세웠지만 1906년 로버트 샤프의 죽음으로 문을 닫다[10]고 프랭크 윌리엄스가 「History of KongJu Mission School」에 기록하였다.

충남 공주지역이 기독교 선교활동에서 중요한 거점지였던 만큼 선교사의 부재 이후 후임자에 대한 관심은 높을 수밖에 없었다. 남편의 죽음으로 충격을 받은 사애리시 교장의 빈 자리는 서사덕 선생이 맡았고 프

[그림 9-1] 사애리시와 서사덕 선생

[그림 9-2] 공주의 전도부인 훈련반 기념(1913), 드루대학교

10 우리암 교장의 「History of KongJu Mission School」 자필 기록의 일부. 공주영명중고등학교 박물관 소장자료.

랭크 윌리암스 선교사의 부인 우애리시가 도왔다. 사애리시의 부재로 인해 명선여학당은 1907년 제2대 교장으로 서사덕(Mrs. Wilber. C. Swearer) 선생이 취임해서 운영하였다. 이후 사애리시는 1908년 8월 재입국하여 학교 운영은 이어졌다.

한국에 재입국한 사애리시는 어떤 활동을 이어 나갔을까.

1908년 8월에 입국한 뒤 사애리시는 순회전도 활동에 나섰다. 1909년의 사애리시 전도활동을 살펴보면, 73곳의 교회와 마을을 방문했고 순회활동에 손풍금을 가지고 다녔기 때문에 구경하러 모인 사람들에게 자연스럽게 찬송가를 부르며 전도 활동을 이어 나갔다. 그녀의 순회 전도활동은 1913년까지 이어졌는데 점차 교회를 다니는 부녀자 수는 남자 수를 초과하기에 이르렀다.

> 이번 해에 교회에 새로 들어온 부녀자 수는 남자 수를 초과하였는데, 이는 어떤 곳이든지 샤프 부인의 관심과 가르침이 있었음을 말해 주는 것이다. 그녀는 두 지방 전부를 여행하는 데도 열정적으로 다니기 때문에 어느 한 곳도 빠뜨리지 않는다.

사애리시는 순회전도 활동을 통해 사경회(Bible class, 성경공부반)를 활성화하는 데 주력했다. 사애리시의 첫 사경회는 1905년 2월 청주에서 개최되었다. 사경회의 대상은 12세 어린 소녀부터 60세 노인까지 다양한 연령으로 구성되었다. 주일학교 소녀반·주일저녁 여신도 헌신예배·화요일 저녁 세례문답반 등 형식도 다양했다. 세례문답·예수의 일생·누가복음 등 성경 내용과 한글공부·생활 상식 등 폭넓게 가르쳤다. 사경회에 아이들을 데리고 오면 목욕시범을 보이는 등 청결과 위생관념에 관한 교육도 중요시했다. 그리고 1주일에 한 번씩 야간 사경회도 진행했다. 이 외에도 한글을 모르는 이들을 대상으로 한글강습반도 개설하여 배움의 가치를 공유했다.[11] 이처럼 사애리시의 여성 전도활동은 순회 전도활동·사경회 활동·전도부인을 양성하는 활동이 주요했지만 종교활동을 뛰어넘어 여성의 의식을 변화시키는 역할을 주도한 것이다. 여성의 의식이 변화하면서 사회의 변화를 인식하게 되자, 사애리시는 여학교 운영을 활성화시키고 유치원을 설립하는 등 본인의 의지를 현장에서 구체화시켰다.

1921년 5월 12일 자 『동아일보』 기사에 의하면, 사애리시의 '유치원 설립: 유아들의 성장, 교육을 위해 노력함'을 주제로 한 유치원 발기와 창립 기사와 함께 1929년 4월 20일 자 『중외일보』에는 김순철·이윤섭·사애리시·한상혁(진천유치원장)·안순득의 '진천 유치원 개원' 내용도 함께 확

[그림 10-1] 『동아일보』(1921. 5. 12.)   [그림 10-2] 『중외일보』(1929. 4. 20.)

---

11 공주기독교역사편찬위원회(2021), 『공주기독교역사125년』, 92쪽.

[그림 11] 1910년 서울 선교
대회의 여선교사들(뒷줄 맨 왼
쪽이 사애리시), 드루대학교

인된다.

사애리시는 강경 만동여학교·논산 영화여학교·명신야학교 부설 유
치원 등을 설립했고, 설립한 학교들과 연합하여 진행하는 대운동회도 개
최하였다. 1921년 5월 강경유치원과 홍성유치원을 개원한 뒤에도 진천
유치원·대전유치원·논산유치원을 차례로 설립하는 등 사애리시의 활
동은 쉼 없이 이어졌다.[12] 이러한 활동은 남편 유지를 받들어 뜻을 펼치
겠다는 확고한 의지로 해석된다.

1911년 6월 27일 이화학당에서 열린 제13회 KWMC 보고서에서 사애
리시는 '공주지구 전도사업 및 주간학교'의 제목으로 선교활동을 보고하
였다.

여름에는 한 주일동안 전도부인들을 위한 성경교실을 열었다. 본래는

---

12 「江景幼稚園創立, 史愛理施氏 發起로」, 『동아일보』(1921.5.12.); 「江景幼稚園懇親會開催」, 『동아일보』
(1921.5.27.); 「論山永化 江景萬東 江景幼稚園 聯合運動會」, 『동아일보』(1929.10.21.); 「江景幼稚園 設立期
成會」, 『매일신보』(1928.3.28.).

좀 더 길게 하고 싶었지만 건축하는 일에 시간을 쏟느라 그렇게 할 수가 없었다. 특히 올여름 성경교실은 읽기가 가능한 사람들만 참석해 즐거웠다.[13]

1910년 한 해 동안에 열다섯 군데의 사경회를 열었을 정도로 활발하게 활동한 사애리시는 1916년의 어느 날, 일제의 감시가 강화되면서 집회활동을 더는 할 수 없다는 통보를 받았다. 집회금지조치에 기독교인들은 비밀리에 집회를 진행하기 시작했다. 특히 기하급수적으로 늘어난 여성 신앙인 증가는 집회가 필요하다는 것을 증명하고 있었다. 스스로 자

[그림 12] 1908년 크리스마스의 공주의 학생들, 드루대학교

13 Corein Tayler(1913), 「Kongju East District」, OMKMC, p.39.

신의 정체성을 확립하고 시국의 현실을 바라보는 시각을 길렀던 여성의

지의 변화였다.

사애리시가 한국에 입국한 뒤, 명선여학당은 영명여학교로 재개교하

였다. 영명여학교는 충청지역의 최초 여성교육기관으로 주목받았다. 영

명여학교의 교육과정은 이화학당의 규정을 기본으로 운영방침을 표방

하고 있다. 영어와 음악은 주로 여선교사가 가르쳤고 한문·작문·수학·

체조 등의 교과는 이화학당 출신의 교사와 임시교사 등이 채용되어 운영

하였다.[14] 공주영명여학교는 학생 수가 점차 증가하면서 확장되었다.

1918년 3월 27일 자 『매일신보』 기사에는 졸업식 기사가 실려 있다. 내

용을 살펴보면, 사애리시(교장)과 이규신(교감), 정난교·이신애·김현경·

이태보·이애철·이심숙 등 영명여학교 교사 6명이 참석한 가운데 성대

하게 거행된 졸업식이었다.

忠南(충남) 公州郡(공주군) 永明女學校(영명여학교)에서 二十五日(이십오일) 上

午時(상오시)에 大和町(대화정) 美監理會禮拜堂(미감리회예배당)의서 卒業式

(졸업식)을 擧行(거행)ᄒᆞᄂᆞᆫ디 會長(회장) 監理使(감리사) 戴埋悟(대매오)의 式

辭(식사) 後(후) 高等科及(고등과급) 普通科(보통과)의 卒業證書(졸업증서)를 授

與(수여)ᄒᆞ고 校長(교장) 史愛理施(사애리시) 訓話(훈화)와 校監(교감) 李奎甲氏

(리규갑씨)의 校況報告及(교황보고급) 道長官代理(도장관대리) 磻蘭敎氏(반란교

씨)의 訓辭(훈사)가 有(유)ᄒᆞ며 來賓(내빈)의 徐德淳氏(서덕순씨) 勸辭(권사)와

---

14 이화80년사출판위원회(1967), 『이화80년사』, 이화여자대학교 출판부, 66-67쪽.

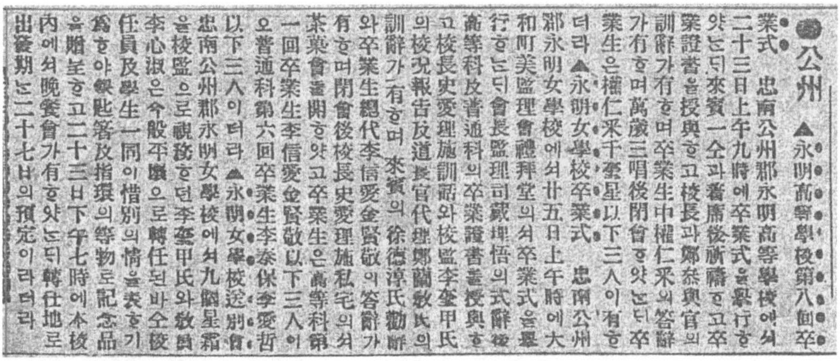

◉公州 ▲永明高等學校第八回卒
業式 忠南公州郡永明高等學校에셔
二十三日上午九時에卒業式을擧行ᄒᆞ
얏ᄂᆞᆫᄃᆡ來賓一仝과着席後祈禱ᄒᆞ고卒
業證書를授與ᄒᆞ고校長과鄭參與官의
訓辭가有ᄒᆞ며卒業生中權仁采의答辭
가有ᄒᆞ며萬歲三唱後閉會ᄒᆞ얏ᄂᆞᆫᄃᆡ卒
業生은權仁采千奎星以下三人이有ᄒᆞ
더라 ▲永明女學校卒業式 忠南公州
郡永明女學校에셔廿五日上午時에大
和町美監理會禮拜堂의셔卒業式을擧
行ᄒᆞᄂᆞᆫᄃᆡ會長監理司戴理悟의式辭와
高等科及普通科의卒業證書를授與ᄒᆞ
고校長史愛理施訓話와校監李奎甲氏
의校況報告及道長官代理鄭蘭敎氏의
訓辭가有ᄒᆞ며來賓의徐德淳氏勸辭
와卒業生總代李信愛金賢敬의答辭가
有ᄒᆞ며閉會後校長史愛理施私宅의셔
茶菓會를開ᄒᆞ얏고卒業生은高等科第
一回卒業生李信愛金賢敬以下三人이
오普通科第六回卒業生李泰保李愛哲
以下三人이더라 ▲永明女學校送別會
忠南公州郡永明女學校에셔九個星霜
을校監으로視務ᄒᆞ던李奎甲氏와敎員
李心淑은今般平壤으로轉任된바全校
任員及學生一同이惜別의情을表ᄒᆞ기
爲ᄒᆞ야餞毗箸及指環의等物로記念品
을贈呈ᄒᆞ고二十三日下午七時에本校
內에셔晩餐會가有ᄒᆞ얏ᄂᆞᆫᄃᆡ轉任地로
出發期ᄂᆞᆫ二十七日의預定이라더라

[그림 13] 『매일신보』(1918. 3. 27.)

卒業生總代(졸업생총대) 李信愛(리신애) 金賢敬(금현경)의 答辭(답사)가 有(유)ᄒᆞ며 閉會後(폐회후) 校長 史愛理施 私宅(사택)의셔 茶菓會(다과회)를 開(개)ᄒᆞ얏고 卒業生(졸업생)은 高等科(고등과) 第一回(제일회) 卒業生 李信愛 金賢敬(금현경) 以下(이하) 三人(삼인)이오 普通科 第六回(제육회) 卒業生 李泰保(리태보) 李愛哲(리애철) 以下 三人이라더라.[15]

공주영명여학교는 재개교 시점에 42명이 등록했다. 초창기 개교와 비교했을 때 급격히 증가한 학생 수는 여학생 교육에 대한 관심이 높아졌다는 것을 말해 준다. 1910년 일제의 강제병합 이후에도 여학생의 입학 수는 88명으로 증가했다.

공주영명여학교는 1913년에 제1회 졸업식이 거행되었다. [그림 14]의 사진을 살펴보면, 졸업생 뒤편 칠판에는 '영명여학교 제1회 졸업생'이 적

15 「公州 永明女學校 卒業式」, 『매일신보』(1918. 3. 27).

[그림 14] 1913년 영명여학교 보통과 1회 졸업생, 『공주영명100년사』

혀있다. 졸업생은 진영신·김일나·박루이사(박화숙)·서유돌나·강면네·노마리아 등 6명이다.

　1913년 5월 19일 자 『조선그리스도인 회보』 기사에 의하면, 졸업식 당일에는 공주시민과 내빈 등 수백 명이 참석하여 충청남도에서 최초로 열리는 여학교 졸업식을 축하했다고 하였다. 공주영명여학교 보통과 1회 졸업생 여섯 명의 이후 활동은 곳곳에서 확인된다. 졸업생 박루이사(박화숙)은 중앙대학교 부속 여자고등학교 교장을 역임했고 해외 유학을 다녀왔다. 노마리아는 광복이후 최초 여자경찰서가 설치된 뒤 2대 대구여자경찰서장으로 활동하였다. 이들 외에도 영명여학교에 재직한 교사와 학생 등 다수는 한국독립운동사에서 중요한 족적을 남겼다.

4. 공주영명여학생의 독립운동,
그리고 사애리시가 남긴 그날의 기록

교육은 세상을 바라보는 눈을 바꾸는 힘이다. 가부장적 사회체제를
넘어 근대여성교육기관에서 수학한 여성은 여성지식인의 사회 진출을
예고했다. 공주영명여학교의 학생으로서 일제강점기의 내 나라를 바
라보는 세상의 눈은 넓어졌다. 특히 세상을 향한 의로운 마음은 1919년
4월 1일 공주만세운동에서 그 존재감이 드러났다.

사애리시는 1919년 한국에서 일어나는 3.1만세운동과 관련한 일련의
일들을 본국의 여(女)선교회에 주기적으로 보고하여 사태의 심각성을 알
렸다. 특히 만세운동의 전개과정에서 학생들의 만세운동 참여와 투옥,
상황을 자세히 보고하였는데, 학교와 교회의 피해도 심각하다는 내용이
었다.

1919년 학교 폐쇄 보고.

(WFMS 1919년 8월 14일 보고 내용 중)

"현재 한국의 교역자들이 감옥에 갇혀 있거나 도피중이고 학교는
대부분 폐쇄되어 있다. 선교시설 일부가 파괴되었으며, 일부 교회
는 불타 버려 현재 전망은 어둡다."

1919년 교인 투옥 구속 보고

(WFMS 1919년 8월 14일 보고 내용 중)

1919년 3.1만세운동으로 교인 사망, 투옥 보고

1919년 연회 회의록 보고

"3.1독립운동으로 아주 불안정하다. 교인수는 1년간 37명이 사망.
많은 교인들이 구속되어 조사를 기다리고 있음."

　사애리시가 여선교회에 보고한 내용을 살펴보면, 1919년 만세운동의
전개에 자국민 외에도 많은 선교사들이 현장에서 지켜보고 있었다는 것
을 알 수 있다. 국내에 파견된 선교사들이 설립한 학교에서 수학한 학생
들은 눈앞에서 일본 경찰에 잡혀가거나 구타를 당하고 투옥되는 참상을
지켜보았다. 지켜볼 수밖에 없었던 학생들은 만세운동을 해야 한다고 생
각하고 용기를 냈는데, 그 공간이 바로 근대교육기관 — '학교'였다.

　교육으로부터 소외되었던 여성들은 자존감을 회복하고 국민의 한 사
람으로 주체의식을 가지고 독립운동을 실천했다. 그리고 그들 옆에는 선
교사들이 있었다. 한국에서 39년간 선교봉사활동에 헌신하며 충청도 공
주영명여학교를 설립해 다수의 여성독립운동가를 배출한 교육공간은
선교사들이 있었다. 아산과 논산 강경 등 충청도 일대에 많은 교육기관
을 설립하여 정의를 실천한 학생들은 사애리시 선교사와 함께였다.

　그러면 사애리시는 독립운동가인가. 필자는 사애리시가 개화기 지식

인재를 양성하고 일제강점기 항일애국인재가 양성되는 터전을 마련하고 제공하는 등 독립의 불씨를 싹틔웠기 때문에 독립운동 그 이상을 실천한 인물이라고 생각한다. 더욱이 사애리시는 만세운동의 현장에 함께 있었다. 제자와 지인이 잡혀가고 교회와 학교가 불타는 장면을 직접 목격했다. 특히 공주영명여학교를 졸업하거나 재학 중이었던 교사와 학생들 다수가 체포되거나 공주형무소에 수감되었던 사실을 알고 있었다. 그들 중에는 노마리아·김현경·박화숙·김유실·이순애·임영신·전밀라·유관순 등 사애리시의 제자들이 있었다. 이들 외에도 조화벽·김복희·이신애 등 영명여학교와 인연이 있었고 한국여성독립운동사에서 족적을 남긴 여성이 다수가 있다. 사애리시는 한국의 여성독립운동가를 양성한 터전을 일으킨 인물이며 본연의 선교활동을 넘어 충청지역 여성애국계몽 활동의 선지자였다.

1919년 3월 20일
"광명학교 여학생 민원숙, 한도숙, 황현숙 세 명의 어린여학생이
주동하여 소복을 입고 3월 20일 입장 장날에 대한독립만세 소리를
외치며 양대시장으로 향했다."

1919년 3월 31일
충남 아산 임치면 백암리 3.1만세운동을 주도한 김복희, 한연순은
일본헌병대에 구속, 공주 감옥에서 유관순과 함께 수감됨.

사애리시와 인연이 되었거나 추천으로 여성교육에 입문하였고 독립운동을 실천한 행적이 확인되는 대표적인 여성인물을 소개하고자 한다.

▌유관순(柳寬順)

사애리의 추천으로 이화학당 보통과 3학년에 편입했고 고등과 1학년 때 3.1만세운동이 일어나자 경성만세시위에 참가하였다. 이화학당의 교문이 닫히자, 친구 서명학·김복순·김희자·국현숙과 함께 5인의 결사대는 학교 담장을 뛰어넘어 만세시위에 참여했다. 3월 10일 휴교령이 선포되자, 유관순은 고향으로 돌아가서 교회와 학교를 찾으며 만세운동에 참가할 것을 권고하였다. 4월 1일 병천 아우내 장터에서 수천 명의 군중을 모아 선창으로 만세시위에 앞장섰다. 그 자리에서 부친 유중권과 모친 이소재는 일본경찰의 총에 희생되고 유관순은 주모자로 피체되어 공

[그림 15] 유관순 열사의 수형기록, 서대문형무소

주지방법원에서 징역 5년형을 받았다. 공소하여 경성복심법원에서 징역 3년형이 확정된 뒤에도 서대문형무소에서 옥중만세운동을 주도하여 갖은 고문으로 1920년 9월 옥중에서 사망하였다. 당시 18세 소녀였다.

▌노마리아

사애리시가 설립한 공주영명여학교 보통과와 고등과를 졸업했고, 졸업한 뒤에 교사로 부임했다. 유관순의 사촌오빠 유경석과 혼인하였다. 노마리아는 1919년 4월 1일, 병천시장 만세운동 이후 일본경찰이 총칼로 위협하며 유관순의 행적을 물었지만 발설하지 않고 유관순의 도피를 도왔으며, 유관순의 동생들을 영명여학교에서 돌보았다. 1920년에 공주에서 공금학원(야학당)을 설립하여 민족계몽교육을 하였다. 백범 김구선생의 권유로 경찰에 입문하여 1949년 6월에 제2대 대구경찰서장에 부임하여 여성 피해자 및 사회적 약자 보호에 앞장섰다.

[그림 16-1] 『자유신문』(1946. 6. 30.)

[그림 16-2] 노마리아 사진

▌김유실(金有實)

김유실은 영명여학교 졸업생으로 공주시 대화정에서 독립운동을 한 혐의로 일본경찰에 잡혀 심한 고문에 시달리다 1919년 15세의 나이에 죽음을 맞았고 그녀의 부친 김봉인(金鳳仁)도 무남독녀의 고초를 듣고 통분을 이기지 못하여 스스로 자결하였다.

> 한국 츙청남도 순시에 사는 김봉인이라는 이는 四月 一日 공쥬에서 독립시위운동을 썰칠 씌에 미국선교회의 경영하는 학교에서 공부하는 그 딸이 독립운동에 참가하여 정의의 활동을 썰치다가 왜 에게 포착되어 가진 모욕을 당함을 보고 비분통절함을 못익여 五月 二十二日 아츰에 본집에서 날카로운 칼로 비를 갈라 자살하얏는데 이 일에 대하야 왜놈들은 발표후미 김씨가 왜놈의 집에서 사환하다가 그 딸이 소요사건에 걸려 그 최책감을 붓그러히 싱각하야 자살하얏다고 한다더라.
>
> ─ 『신한민보』(1919. 6. 26.)

▌이순애(李順愛)

이순애는 영명여학교에 수학한 학생으로 1930년 10월 20일 영명여학교 기숙사 수색과정에서 신간회 지회 사건의 인물로 확인되어 취조를 당하였다. 당시의 심문을 취조한 기록이 확인된다. 학교에 수학한 것은 확인이 되지만 개인 이력사항에 대해서는 확인되지 않는다.

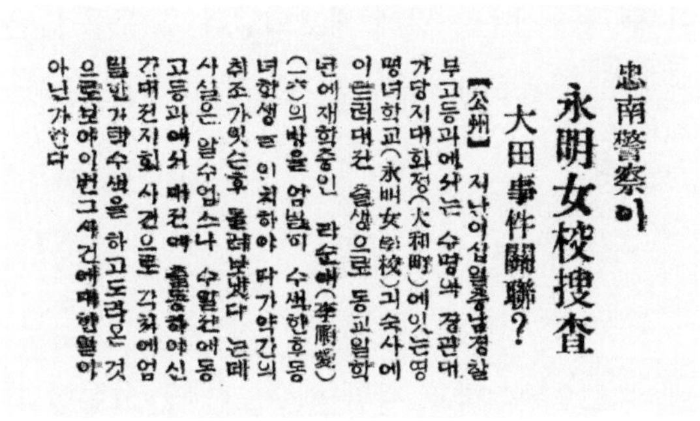

忠南警察이
永明女校搜査
大田事件關聯?

【公州】 지난이십일충남경찰부고등과에서는 수명과 경관대가당지대화정(大和町)에잇는영명녀학교(永明女學校)긔숙사에이르러대전 출생으로 동교입학년에재학중인 라순애(李順愛)(二六)의방을 엄밀히 수색한후동녀학생을 인치하야 따가약간의취조가잇슨후 돌려보냇다 는때사실은 알수업스나 수일전에동고등과에서 대전에 출동하야신간대전지회 사건으로 각처에엄밀한가택수색을 하고도라온것으로보아이번그사건에대한일이아닌가한다

[그림 17]
『조선일보』(1930. 10. 27.)

❙ 박루이사(朴累以斯)

박루이사는 공주영명여학교 보통과와 고등과를 졸업했고 이화학당에 편입하여 수학했다. 1919년 4월 1일 공주읍 만세운동 과정에서 일반인과 학생이 시위운동에 동참하도록 구한국기(태극기)를 만들고 한국독립선언서를 등사 인쇄 반포하여 다중과 함께 한국독립만세를 불러 치안을 방해한 사실로 재판을 받았다. 보안법 위반, 출판법 위반으로 1919년 7월 28일, 1919년 8월 29일 판결을 받았고 무죄로 풀려났으나 이후 근우회 군위지회에서 독립활동을 했고, 성악 전공으로 미국으로 유학을 다녀왔다. 광복후 중앙대학교 부속여자고등학교 교장을 역임했다.

❙ 이애라(李愛羅)

이애라는 이화학당 중등과 졸업한 뒤 공주영명여학교 교사로 부임하여 활동했다. 1919년 3월 1일부터 4일까지 평양에서 만세시위 후 일제에 구금되었다. 1920년 수원, 공주, 아산 등 교회를 다니면서 애국부인회(愛國婦人會)를 결성했고 독립자금을 모금하고 여성의 독립운동 참여를 독려

하는 활발한 활동을 하던 중 불심검문을 당해 체포되었다. 고문을 받은 뒤 옥고를 치른 뒤 공주로 왔으나 용의조선인으로 주목되어 일본 경찰의 잦은 감시와 체포, 고문을 당했다.

▌조화벽(趙和璧)

1919년 개성 3.1운동에서 호수돈여학교 시위를 주도한 후 고향인 양양에 가서 다시 독립만세시위를 주도하였고 공주영명여학교 교사로 활동했다. 유관순과 유우석 남매가 감옥에 투옥되어 있고 그 동생인 인석과 관석을 황인식 교감과 함께 돌보았고 류우석의 옥바라지를 하였다. 유관순의 오빠 유우석과 혼인한 뒤 정명학교 교사, 원산 루씨여학교 교사, 진성여고 교사 등을 거치면서 애국계몽운동에 힘썼다.

5. 사애리시의 비석이 건립되던 날

1938년 9월 2일 자『동아일보』에는 「史愛理施女史 宣敎記念碑除幕式(사애리시여사 선교기념비 제막식)」 기사가 실렸다. 공주의 영명여학교 교정에는 기독교 조선감리교 공주지방회 발기로 사애리시 여사의 선교 기념비 제막식이 열렸다는 내용이었다.

선교사의 기념비 제막식이 열리는 날.

일제의 감시가 삼엄했던 1930년대 후반에 지역 사회에서 자발적으로 선교사의 기념비를 건립한다는 것은 이례적인 일이었다. 특히 기념식장

은 공주지역 유지들을 비롯하여 기독교인, 영명학교 임직원·학생·학부
형 등 다양한 계층의 많은 이들이 함께한 자리였다. 종교적 차원을 넘어
공주와 충청지역에서 사애리시를 기억하기 위한 모임이었다. 사애리시
는 충남 공주에서 꽃다운 시절·아픈 시절·노년에 이르는 생애의 많은
날들을 먼 타국 땅에서 보냈다. 기념비 제막식은 그녀의 활동과 남편 로
버트 샤프의 정신에 감사한 마음으로 화답하는 자리였다. 약간 긴장되고
흥분된 분위기였다. 이는 사애리시가 충청인을 아끼고 사랑한 활동에 대
한 최소한 보답이었다.

　비석에 새겨진 내용을 살펴보면, 사애리시의 노력의 시간들과 가슴 시
린 이야기가 담겨있다. 그녀의 희생에 감사하는 마음으로 많은 이들의
가슴은 뭉클했다.

　　동 여사는 지금으로부터 38년 전인 음력 4월 1일에 북아메리카에서 이
　　곳에 와서 충남을 일원으로 선교교육사업에 38년간을 성심성의로 종
　　사하였다. 동 여사는 조선을 건너올 때는 28세의 꽃다운 청춘으로 충
　　남 각지에 선교와 교육사업에 진력하는 중에는 비상한 파란을 거듭하
　　며 공주, 천안, 논산, 입장, 아산, 둔포, 경천 각지에 학교를 설립하고 대
　　전, 공주, 논산에 유치원을 경영하여 수많은 영재를 길러 내어 그의 공
　　적은 실로 너무나 대단하다. 당일 식장에 임석한 동 여사는 당년 66세
　　의 백발이 성성한 노구로서 선명한 조선부인 의복(한복)으로 단장하고
　　제막식 절차에 의하여 여사의 감개무량한 답사로 이어졌다. 자기는 노
　　령선교 만기로 내년 봄에는 조선을 떠나 본국 양로원으로 돌아가겠으

나 자기의 사업만은 남기고 가니 뒤를 이어 영원히 계속하기를 바란다
고 하여 일반을 감격하게 하였다.[16]

1930년 4월 15일 자 기사에는 그녀의 일생처럼 진화한 학교의 이력도
눈에 보인다. '명선여학당 → 영명여학교 → 영명여자보통학교'로 이어
진 그녀의 기록. 영명여자보통학교의 교실 신축 기사에는 미감리회에서
경영하는 학교가 한국에서 운영되고 교실 신축까지 진행되었다는 사실
을 담았다. 「永明女子普校의 敎室을 新建築(영명여자보교의 교실을 신건축) 미

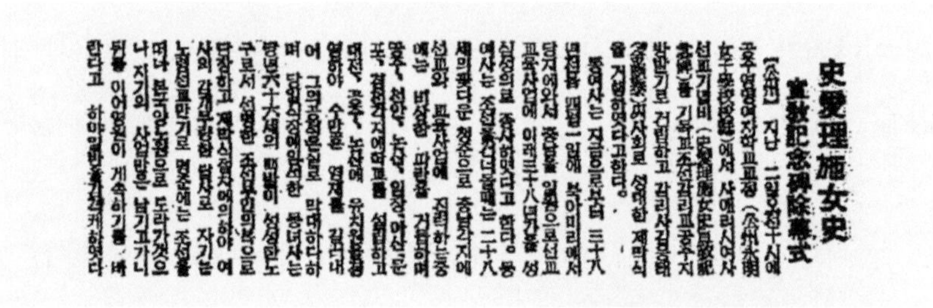

[그림 18-1] 『동아일보』(1938. 9. 5.)

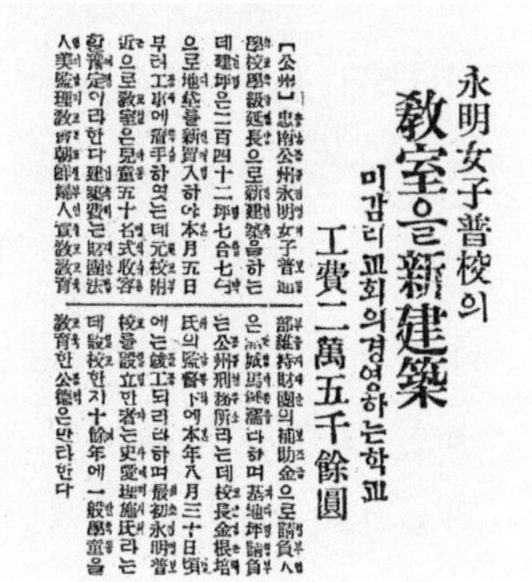

[그림 18-2] 『매일신보』(1930. 4. 15.)

---

16 「사애리시여사 선교기념비제막식」, 『동아일보』(1938. 9. 5.).

[그림 19]
『매일신보』(1932. 4. 12.)

감리교회의 경영하는 학교 工費二萬五千餘圓(공비이만오천여원)」라는 기사
에는 공주영명여자보통학교, 재단법인미감리회의 표시도 눈에 띈다.

그로부터 2년 뒤인 1932년 4월 12일 자『매일신보』에는 「忠南敎育界功勞
者 史愛理施氏甲宴(충남교육계공로자 사애리시갑연) 성대한 축하회 개최」 기사
가 실렸다.

공주 읍내 예수교회 설립 공주영명학교는 초등과, 남녀중등과, 유치
원, 영아원 5교로서 남자중등학교는 당국에 실업학교로 인정되어 매
우 흥왕하던 터인바 그 설립자 되는 사애리시 씨의 61세 회갑연이 되
어 4월 11일 월요일 오후 2시에 이 학교 강당에서 회갑 잔치를 개최한
다. 그녀는 조선 나온 지 31년 전부터 헌신적으로 포교에 큰 사명으로
많은 일출하여 오늘과 같은 교회도 왕성하고 이 위에 여러 학교 외에
충청남북도 안에 유치원 7개소를 설립하고 수십 년 동안을 하루처럼

경영하는 공헌자로서 지방에서 씨를 매우 찬양한다.[17]

공주·천안·논산·입장·아산·둔포·경천 등 각지에 학교를 설립하고 대전·공주·논산 등에 유치원을 설립하여 경영하면서 한국인의 가슴에 꿈과 정의로움을 키워 주고 꽃피운 사애리시. 그녀의 기념비 제막식에 당신은 백발의 노구로 한복을 입고 들어섰다. 그녀로 인해 수많은 여성들이 세상을 새롭게 바라보고 의로움을 꽃피웠다. 그 길의 시작에 사애리시, 그녀가 서 있다.

한국의 독립운동 역사에서 그녀가 무엇을 했느냐고 필자에게 묻는다면, 사애리시는 한국여성독립운동가의 어머니로 한국여성에게 정의로운 삶이 무엇인가를 알려 주고 사회의 변화를 통찰하는 눈을 키워 여성들이 살아가는 문을 열어 준 푸른 눈의 독립운동가였다라고 할 것이다. 사애리시는 본국으로 귀국한 뒤 1972년 101세로 세상을 떠났다. 하지만 한국 독립을 위해 목숨을 바친 여성독립운동가의 길에 함께 서 있었다.

---

17 「충남교육계 공로자 사애리시 甲宴 성대한 축하회 개최」, 『매일신보』(1932. 4. 12.).

이사벨라 멘지스,
일신여학생과 만세를 외치다

이사벨라 멘지스(Isabella B. Menzies, 민지사, 1856-1935)

1. 여학생의 태극기, 증거를 소각하라

경성으로부터 멀리 떨어져 있는 부산.

1919년 3월 11일 부산 좌천동 일대에 수백 장의 격문이 뿌려졌다. 부산은 최초 개항장으로 외부인이 들어오는 유일한 해로(海路)였기 때문에 외부의 왕래가 잦은 곳이었다. 동시에 해외 교류와 운송, 수송에서 주요한 역할을 했기 때문에 외부인이 빈번한 만큼 시국 변화에도 민감한 곳이다. 전국적으로 불같이 일어난 만세시위의 흐름 속에 부산 지역민은 움직임도 빨랐다.

1919년 3월 2일 서울에서 경성학생단이 부산을 방문해서 부산상업학교와 동래고등보통학교 학생대표에게 독립선언서를 전달했다. 부산은 동래고등보통학교 학생들이 만세시위를 일찍이 준비했지만 일제의 감시로 무산되고 말았다. 당시 부산에는 부산상업학교, 동래고등보통학교 외에도 다대사립실용학교, 사립구명학교, 옥성학교, 양정학교, 초량학교, 부산진일신학교 초등부 등에서 약 400여 명의 학생이 수학하고 있었다.[1]

같은 해 3월 7일 경성학생단 대표와 동래고등보통학교 학생대표는 다시 거사를 단행하기로 하고 3월 13일 동래읍 장날 오후 2시에 만세시위를 하기로 약속했다. 그 과정에서 연락병 역할을 했던 여학생 이명시는 일신여학교에 그 소식을 전했다. 그러자 일신여학생의 관심은 순식간에 고조되었다. 그로부터 며칠 뒤, 3월 11일 부산 좌천동 일대에는 수백 장의 격문이 뿌려졌다. 3월 11일 새벽 일신여학교의 김응수 학생은 격문을 주워서 교사 주경애에게 급히 연락을 했다. 교사 주경애를 비롯하여 이명시·김응수·송명진·김순이·김란줄·박정수·김반수·심순의·김봉애·김복선·김신복 등 11명은 기숙사에서 태극기 50개, 깃대 31본을 제작했다. 일신여학교 교사 주경애와 박시연은 일신여학생들과 함께 태극기를 들고 좌천동 일대에서 만세시위에 나섰다. 여학생들의 만세시위 소식에 일본경찰은 대거 출동했다. 하지만 이에 시민들이 합류하면서 2시간에 걸쳐 시위와 대치가 거듭되었다. 현장에 있었던 이들은 모두 검거되어 부산진 주재소로 연행되었는데, 이것이 부산 3.11만세운동의 시작이다.

부산 3.11만세운동 전개에 대한 1919년 3월 16일 『매일신보』 기사 내용은 다음과 같다.

… 오지리국 선교사가 경영하는 일신여학교 생도들의 소요사건에 참가한 일이 발각되어 12일, 약 13명을 인치하여 취조한 결과, 그 학생들

---

1 부산직할시 교육위원회(1987), 『부산교육사』, 82쪽.

은 한국국기 약 5천매를 당목으로 만들어 동지에게 배포하고….[2]

그런데 만세시위 과정에서 주목되는 사실이 있다. 만세시위 현장에서 참여한 일신여학교의 교사와 학생 외에도 호주 선교사가 체포되었다는 사실이다. 체포된 호주 선교사는 이사벨라 멘지스(Isabella Menzies, 민지사, イサベラ メンジエス)・마가렛 데이비스(Margaret Davies, 代瑪嘉禮, マガレッエ デイス)・데이지 호킹(Daisy Hocking, デジーホツキン)였다.

호주 선교사의 죄명은 '증거인멸'이었다. 그 이유는 구한국국기(舊韓國國旗) 소각때문이었다. 일제는 '자택에서 시위운동에서 사용하기 위해 만들어 놓은 구한국국기를 소각하여 증거를 인멸한 정황과 만세시위에 참여'한 내용을 체포보고서에 수록했다. 체포된 이는 호주 선교사 3인 — 이사벨라 멘지스(Isabella Menzies, 민지사, イサベラ メンジエス)・마가렛 데이비스(Margaret Davies, 대마가례, マガレッエ デイス)[3]

[그림 1] 『매일신보』(1919. 3. 16.)

---

2 『매일신보』(1919. 3. 16.)
3 호주 출신의 마가렛 데이비스(Margaret Davies, 일신여학교 교장)와 데이지 호킹(Daisy Hocking, 선

데이지 호킹(Daisy Hocking, デジーホツキン)[4]과 아일랜드인 선교사인 쟌쿠스리 사무아구에(ジャンクエッサ ムアッグエー)였다. 이들은 만세시위 현장과 자택에서 구한국국기를 함께 소각한 사실로 확인되었다. 특히 이사벨라 멘지스는 경상지역에서 최초로 근대 여성교육기관 '일신여학교'의 설립자였고 학생 기숙사를 책임지고 있었다.

그날 호주 선교사에게는 무슨 일들이 일어났던 것일까. 1919년 3월 11일 자『매일신보』기사에서도 일신여학생과 호주 선교사의 만세시위 내용이 확인된다. 「騷擾事件(소요사건)의 後報(후보), 경상남도 釜山, 여학생의 음모」기사는 다음과 같다.

- 사건일자: 1919. 3. 11. ~ 1919. 3. 12.
- 사건장소: 경상남도 부산부

지나간 10일 부산진에서 백여명이 불온한 행동을 할제 오지리국 선교사의 경영하는 일신여학교 생도들은 소요사건에 참가한 일이 발각되어 12일 약 13명의 여학생을 인치하고 취조한 결과 그 학생들은 학국국기 약 2천매를 당목으로 만들어서 동지에게 배포하고 시위운동을 개시코저 하였으나 관형의 경계가 엄중한 때문에 실패된 일이 판명되어 국기 한개 기때 삼십본을 압수하여더라.

교사)는 3월 11일 부산과 동래 사이에서 일신여학교 직원과 생도의 시위운동을 인솔한 일로 보안법 위반의 죄를 받았으나, 불기소 처분되었다.
4 선교사 데이지 호킹은 부산 동래에서 일진여학교일신여학교 교직원, 생도의 시위운동을 인솔하였다.

만세시위에 나선 백여 명의 사람들 중에 '오리국'으로 기록된 호주의 선교사가 설립한 일신여학교 생도들의 소요가 내용에서 확인된다. 이들은 12일간 체포되어 취조를 받은 것으로 알려졌다. 그런데 미국 영사관 문서에 마가렛 데이비스 선교사가 보고한 기록(3월 11일부터 15일 저녁까지 부산과 부산진에서 있었던 일에 대한 보고)에는 당시 상황이 많이 심각했다는 것을 알 수 있다.[5]

• 미국 영사관문서 : 1919년 3월 17일 자

『No. 800: Intervention of U.S. Government in Reestablishing the Independence of Korea, etc.(Seoul, Korea (Records from Pusan included) Volume 202)』, 「Statement of what happened at Fusanchin and Fusan」, Margaret S. Davies, 1919-03-17.

미국 영사관 기록에는 'Statement of what happened at pusanchin and fusan(부산진과 부산에서 일어난 일의 진술)'이라는 제목의 마가렛 데이비스의 1919년 3월 17일 보고가 확인된다. 무슨 이유로 왜 호주 선교사들은 일신여학생들과 함께 체포되고 취조를 당했을까? 당일 현장에서 어떤 일들이 일어났을까 하는 의문을 품고 그 내용을 살펴보았다.

---

5 미국 영사관문서, Margaret S. Davies(1919. 3. 17), 「Statement of what happened at Fusanchin and Fusan」, No. 800: *Intervention of U.S. Government in Reestablishing the Independence of Korea, etc.* Seoul, Korea (Records from Pusan included) Volume 202.

당일 보고에는 호주 선교사들이 끝까지 학생들을 보호하기 위해 노력했던 정황이 확인된다. 일신여학교 학생들이 만세운동을 참여하는 과정에서 학교 기숙사를 책임졌던 이는 다름 아닌 학교 설립자 멘지스였다. 전국적으로 확산되는 만세운동 소식에 일신여학교도 다른 지역과 마찬가지로 만세시위가 진행될 것을 걱정했다. 그리고 일신여학교 기숙사의 교사와 학생들에게 조심할 것을 전달하였다. 하지만 일제의 탄압에 억눌려 있었던 그날의 정의로운 학생들은 가만히 있을 리가 없었다. 일신여학생과 교사는 격문을 전달받아 들고는 교문 밖으로 만세시위에 나설 수밖에 없었다.

우리는 [일신여학교] 기숙사의 교사와 학생들에게 경고하고 그들이 선동되지 않도록 예방하고자 했다. 그러나 우리의 노력에도 불구하고 그들은 일어난 소동에서 역할을 매우 수행하고 싶어 했다. 3월 11일 저녁 8시 30분쯤 우리에게서 빠져나갔다.

호주 선교사들은 학생들을 점검하는 과정에서 3월 11일 저녁 8시 30분이 지난 시각에 학생들이 학교를 벗어난 사실을 확인했다. 일신여학교 기숙사의 책임자였던 멘지스를 비롯한 호주 선교사들은 학생들의 안전을 걱정하며 교문 밖으로 찾아 나섰다. 좌천동 골목 일대를 다니면서 여학생의 목소리가 들리는 곳이면 돌아오라고 소리쳤다고 기록하였다.

혹시 우리의 여학생들을 찾을 수 있을까 생각하면서. 그들은 우리를 보자 우리로부터 도망갔다. 왜냐하면 그들은 우리가 그들을 멈추려 한 다고 생각했기 때문이다.

부산 좌천동 거리 일대의 만세 대열에 일신여학생들은 손에 꼭 쥐고 있는 태극기를 허공에 흔들며 '대한독립만세'가 거리에 울려 퍼지도록 함께 외치고 또 외쳤다. 학생들을 찾아 나선 거리에 일본 경찰의 모습이 간 간히 보이자 호주 선교사들은 학생들의 지켜야 한다는 책임감이 머릿속에 가득했다. 한참 동안 거리를 헤매면서 학생들을 찾아서 학교에 도착했을 때, 일신여학교 기숙사에 일본 경찰 여섯 명이 갑자기 찾아왔다. 일본 경찰은 만세시위 장소에서 만났던 호주 선교사들에게 따라나설 것을 강요했다. 선교사들은 어쩔 수 없이 그들과 동행했다. 좌천동 중심가 한 장소에 다다랐을 때, 호주 선교사들은 20여 명이 모여 있는 곳으로 안내 되었다. 그리고 얼굴에 불을 비추는 등 무례하게 대했다고 기록하였다. 몇 분 뒤에 일본 경찰은 자신들과 함께 경찰서에 가야 한다고 재촉했다. 그렇게 다다른 경찰서, 그곳에서 선교사들은 2시간 동안 대기했다. 그들 은 공식적인 조사를 하지 않고 기다리게 했다. 그리고 몇 가지 질문을 했지만 해소되지 않은 얼굴을 했다. 체포된 이후의 심경에 대해 데이비스 선교사는 다음과 같이 기록으로 남겼다.

그들은 우리를 매우 무례하게 대했다. 몇 분 후 우리는 경찰서에 가야 한다고 들었다. 우리는 2시간 정도 있었고 경찰관들이 우리에게 몇 가 지를 물었지만, 공식적인 조사는 없었다. 오전 12시 30분쯤 우리는 방에 안내되어 이곳에서 밤을 지내야 한다고 들었다.

그때, 동행하지 않았던 멘지스는 뒤늦게 학교에 도착했다. 학생들을 찾다가 기숙사에 돌아와 보니 선교사들과 학생들이 없어졌다는 사실을 알게 되었다. 멘지스는 학생들과 교사, 호주 선교사의 행방을 찾아 나섰다. 일본 경찰에 체포되어 갔던 데이비스 선교사는 당시 상황에 '멘지스 씨에게 이 사실을 알려 달라'고 한 내용을 기록하고 있다.

> 우리는 Menzies(멘지스) 씨에게 이 사실을 알려 달라고 말했다. Menzies 씨는 한국인 경찰관을 통해 간접적으로 얘기를 들었고 침구류를 보냈다. 새벽 3시 그것이 도착했다. 어떤 경찰관은 예의바르고 공손했다. 그러나 첫날 밤 동안 우리는 종종 남자들이 방으로 들어와 불편함을 느꼈다. 감시하는 것처럼 느껴져 불편했다.

그러면 일신여학교 기숙사에 있었던 멘지스는 어떤 상황에 있었을까. 멘지스는 아일랜드 선교사와 함께 체포된다. 그 이유는 일신여학교 기숙사에서 멘지스와 아일랜드 선교사인 쟌쿠스리 사무아구에가 교사와 학생들이 만들어 놓은 구한국 국기를 폐기하다가 체포된 것이었다. 일본외무성기록 「不逞團關係雜件 朝鮮人ノ部 在內地 四(불령단 관계잡건 조선인의 부 재내지 4)」에서 「제 4. 조선소요와 관련한 섭외사건 경과요령」 내용에 호주 선교사의 체포 경위를 기록하고 있다. 비록 기소 유예로 처분되었지만 멘지스와 아일랜드 선교사 쟌쿠스리 사무아구에도 재판을 받았다.

- 사건일자: 1919-03-12

- 사건장소: 慶尙南道 釜山府 경상남도 부산부

부산/이자벨라 멘지스(Isabella Menzies, 일신여학교 학생감독, 오스트 레일리아)와 잔쿠스리 시무아구에(ジャンクスリ サムアグエ, 선교사, 아일

랜드)는 3월 12일, 자택에서 시
위운동에서 사용하기 위해 만
들어 놓은 구한국 국기를 폐기
하여 체포되었다. 죄명은 증거
인멸이며 기소유예 처분하였
다. 기소유예 이유는 멘지스가
62세 노령의 여인이고 잔쿠스
리는 조선에 건너온 날이 아직
짧아 재범의 우려가 없기 때문
이다.

[그림 2] 멘지스·사무아구에: 기소유예

1919년 3월 12일 밤 10시가 되자, 경찰서에 있던 데이비스 선교사를 비롯한 호주 선교사들에게 한국인 통역을 담당하는 사람이 인터뷰를 하러 찾아왔다. 데이비스 선교사에게는 학생들이 가지고 있었던 태극기를 알고 있느냐고 물었다. 그러자 모른다고 답했다. 다음날 3월 13일 아침, 일본 경찰들은 일신여학교 기숙사에서 태극기가 발견되었다는 사실

을 알려 왔다. 그들은 곧 심문이 있을 예정이며 법정에 서게 될 것이라고 했다.

3월 14일 금요일 아침, 법정에는 멘지스·데이비스·호킹 선교사가 함께 섰다. 그들은 법정에서 1시간 반 동안 집중적으로 질문을 받았다. 판사가 질문한 내용은 다음과 같다.

> 학생들에게 무엇을 가르쳤는지,
> 학생들을 기독교인으로 만드는 이유가 무엇인지,
> 일본제국에 저항하도록 장려한 적이 있는지….

법정 출두는 다음날 토요일도 마찬가지로 진행되었다. 쉼 없는 질문과 대답 속에 호주 선교사들은 모두가 감시 대상이 되어 의심을 받고 있다고 느꼈다.

> 경찰관이 우리에게 태극기가 우리 집에서 발견되었다고 말했고, 우리의 모른다는 증언을 듣지 않으려고 했다. 그러나 그는 곧 우리가 집에 갈 수 있다고 했다. 곧 우리는 불려 가서 우리가 뭔가를 잘못하고 있으며, 집에는 보내진다고 했지만, 우리를 무죄라고 생각하는 것 같지는 않았다.

호주 선교사의 한국 독립운동 참여는 주기적으로 호주에 보고했는데 활동보고서에 그 기록이 확인된다. PWMU[6] 보고서 가운데 1919년 3월

1일 일신여학교의 교장 마가렛 데이비스(Margaret Davies)의 부산 3.11만세
운동 과정과 일신여학생의 만세운동 참여와 투옥, 호주 여(女)선교사의
체포·감금·투옥상황을 6월 2일에 제출한 보고서 「THE CHRONICLE
OF THE PRESBYTERIAN WOMEN'S MISSIONARY UNIONS OF
VICTORIA AND QUEENSLAND- JUNE 2, 1919」에서 자세히 서술하였
다.[7] 호주선교부의 보고서 내용 중에는 3.11만세운동 및 독립운동 관련
참여·체포·감금·심문·투옥 과정 등이 자세히 언급되었는데, 이와 관
련하여 발췌한 내용의 요점은 다음과 같다.[8]

- 1919년 3월 11일 화요일 저녁 여학생의 만세 참여 확인.
- 1919년 3월 11일 일본경찰에 체포, 경찰서 구금, 유치장 감금.[9]
They were constables, come to demand that the two of us who
had been on the main road go with them to the police station. We
thought at first it was simply to answer some questions, but after we

---

6 PWMU(호주여전도회연합회)는 The Chronicle Of The Presbyterian Women's Missionary Unions
   Of Victoria and Queensand의 약어 표기이다.
7 Margaret Davies(1919), 「Miss Davies Writes from Fusanchin, 18th Marth, 1919」, *The Chronicle Of
   The Presbyterian Women's Missionary Unions Of Victoria and Queensand*, pp.3-4.
8 마가렛 데이비스의 서술 기록 중에서 발췌한 내용이며, 한국여성독립운동연구원에서 호
   주 선교사 서훈신청을 하기 위해 수집한 내용 중에서 주요 내용을 확인하여 정리한 내용이
   다. 한국여성독립운동연구원, 「호주 선교사 3인 독립운동 공적 신청자료」 중 일부 인용함.
   Margaret Davies(1919), pp.3-4.
9 한국여성독립운동연구원, 「호주 선교사 3인 독립운동 공적 신청자료」 중 일부 인용함.
   Margaret Davies(1919), pp.3-4.

had been whirled off in a motor to Fusan, and kept waiting for two hours in the office of the police station, we were told we would be there all night.

- 1919년 3월 경찰의 취조, 태극기 보관
- 1919년 3월 구류, 교차심문, 일신여학생 투옥 확인[10]

When we emerged from the police station we heard for the first time that eleven of our schoolgirls(including five from the dormitory)and two of the teachers were in gaol. We at once went to try and see them but neither we nor any of the girls' parents or friends were permitted to do so. Probably the schoolgirls will be released in a day or two, but the teachers are likely to be kept longer in confinement.

- 1919년 4월 26일 법원도착, 추경애와 박순이 교사 각 18개월[11]

On 26th April Miss Davies and I cycled in to the courts … We were on time and given

---

10 위와 동일.
11 위와 동일.

seats near the front ··· Choo Kyungai and Pak Seunnie (the teachers), eighteen months each, with hard labour, then the scholars, five months each, with hard labour···.

호주 여(女)선교사의 6월 2일 자 PWMU의 보고 내용은 동일한 시기에 일본외무성이 보고한 내용[12]과 유사하다. PWMU 보고서에는 부산 만세운동의 과정에서 부산진 일신여학생의 만세시위참여, 체포, 태극기 소각, 외국인 선교사 검속, 호주 여선교사의 구속, 법원 결과 등의 사실과 당시에 긴박했던 체포상황이 기록되었을 뿐만 아니라 투옥된 대상과 만세운동에 참여한 교사 및 여학생의 안타

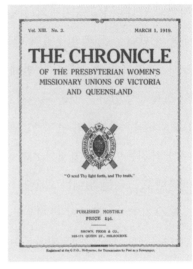

[그림 3] 호주 여(女)선교사 PWMU 보고서

까운 상황과 현실 등이 선교사의 시각에서 자세히 서술되었다.[13]

---

12 佐佐木藤太郎(경상남도장관)(1919. 3. 11.),「大正八年 騷擾事件ニ關スル道長官報告綴 七冊ノ內二」; 일본외무성(1919. 4. 20.),「不逞團關係雜件 朝鮮人ノ部 在內地 五」.

13 호주 女선교사 PWMU 보고서는 1919년 3월 11일 부산만세운동의 상황과 부산진일신여학교 학생의 투옥, 검거, 체포 등의 내용이며 호주 女선교사가 보고한 내용이 수록되어 있다.

2. 멘지스, 일신여학교를 설립하다

　부산진일신여학교는 1919년 부산만세운동의 시작이 된 공간이다. 이 공간의 효시는 학교를 설립한 멘지스 선교사부터 주목해야 할 것이다. 지역의 근대여성교육기관의 설립과 이후의 파장이 부산지역 여성독립운동의 맥락을 굵게 일구었기 때문이다. 1919년 3월 11일 일신여학생과 교사, 그리고 호주 선교사의 만세운동 기록은 자유와 독립, 평화에 국경의 경계가 없었다는 것을 확인시켜 준다. 부산진에서 시작한 일신여학교(日新女學校)는 이사벨라 멘지스(Isabella Menzies, 민지사)에 의해 설립되었다. 부산 좌천동의 초가집에서 시작한 교육공간이 부산 만세운동의 주역을 배출했고 그녀들 뒤에는 외국인 어머니가 있었다는 사실이다.

　부산진일신여학교의 만세운동은 비폭력저항운동으로 실천되었지만, 그 역사성은 한국여성독립운동의 역사와 맥락을 같이하고 있다. 거슬러 올라가 보면, 1898년 9월 1일 서울 북촌에서 발표된 한국 최초 여권선언 「여권통문(女權通文)」이 여성도 문명개화 시대에 맞는 의식, 평등, 능력을 수반해야 한다고 알린 사건으로 유교사회에서 기존의 틀을 깬 안사람의 외침이었다면, 1919년 부산의 3월 11일 만세운동에서 여학생의 만세 시위는 여학생들의 외침에서 실행으로 이어진 것이다. 신여성의 대열에 있는 여학생과 여교사들이 만세 물결의 대열에서 서 있는 것을 넘어 만세운동을 이끈 인물로 주목받았다. 부산 3.11만세운동을 주도했던 부산진일신여학교 교사와 학생들, 그리고 호주 선교사의 만세시위는 일제의 탄압에 맞선 저항이었다. 경상도 지역에서 근대여성교육을 주도한 호주 선교사의 활동지는 부산뿐만 아니라 양산, 김해, 진주, 통영, 창원 등에서 선교활동을 했고, 그로 인해 경남 일대에서 교육을 받으려는 여학생의 수요는 증가하고 있었다. 영남지역에서 유일한 여성교육기관인 일신여학교의 진학은 지역 내의 보통학교에서 다시 상위 기관에서 신교육을 받는 통로였다.

부산진일신여학교는 부산부 좌천동에 3칸의 초가집을 인수하여 시작했다. 그 시작을 알린 학생들은 3명의 여자 고아였다. 호주 선교사 멘지스와 페리는 초가집에서 '미우라 고아원(Myoora Orphanage)'의 이름으로 시작했다. 1895년 10월 15일 초가집으로 시작하여 3년 과정의 '부산진일신여학교' 개교로 이어졌다.

[그림 4] 부산진 소재 호주 선교사 거주 초가집 정경(왼쪽에서 세 번째가 멘지스 선교사, 여섯 번째가 무어 선교사,오른쪽에서 세 번째가 페리선교사), 크리스천 리뷰

한편, 호주 선교사의 국내 선교활동은 1889년 한국으로 파송된 데이비스(Joseph. H, Davies, 1856-1890) 목사가 최초였다. 1885년 11월, 세계기독교선교회의 대집사 울프(John. R. Wolfe)가 중국 복주(福州)를 떠나 부산으로 왔는데, 부산에 호주 선교 사업이 활성화되도록 요청한 데서 비롯되었다. 데이비스는 1889년 8월 21일 멜버른항에서 출발해서 시드니와 홍콩, 양자강, 일본 나가사키항을 거쳐 10월 2일 한국에 도착했다. 그의 선교지역인 부산은 최초 개항장으로 대륙의 관문으로 주목받는 도시였다. 데이비스는 한국으로 파송된 최초 목사이자 선교사로 원래는 변호사를 꿈꾸다가 선교사가 되어 인도와 멜버른에서 활동하였다. 그가 한국, 당시 조선을 선택한 이유는 다음과 같다.

첫째, 인도보다 훨씬 더 시급하게 요청된 곳
둘째, 그 곳에서 더 왕성한 활동과 건강을 유지할 수 있을 것
셋째, 울프 부조교의 선교적 부름에 대한 것

데이비드는 1889년 10월 2일 한국에 도착한 뒤, 1890년 3월 14일 서울을 출발하여 3월 15일 수원, 3월 21일 공주, 3월 26일 남원, 3월 29일 하동을 거쳐 창원과 김해, 하단 등을 경유하여 4월 4일 부산에 도착했다. 부산에 도착한 뒤 데이비스는 한국어를 익히고 부산을 비롯한 인근 지역에 활발한 선교활동을 하였다. 그런데, 1890년 4월 5일, 데이비스 목사는 천연두와 폐렴으로 33세의 나이에 병사하고 말았다.

그 안타까운 소식이 호주로 전해졌다. 호주 선교부는 다음해 1891년

[그림 5-1] 데이비스 남매 사진과 한국어 공부에 사용한 공책

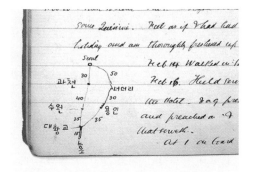

[그림 5-3] 데이비스 선교사의 부산 답사 기록 일기, 크리스천 리뷰

[그림 5-2] 데이비드 목사 비석(부산 진교회 내 설치된 비석)

에 선교사 맥케이(Emest J. H. Mackay) 목사 부부와 멘지스, 포셋(M. Fawcett), 페리(J. Perry), 무어(E. Moore)를 파송했다. 이들 중에는 호주 장로회여자선교연합회에 소속된 여(女)선교사 3인도 포함되어 있었다. 1893년

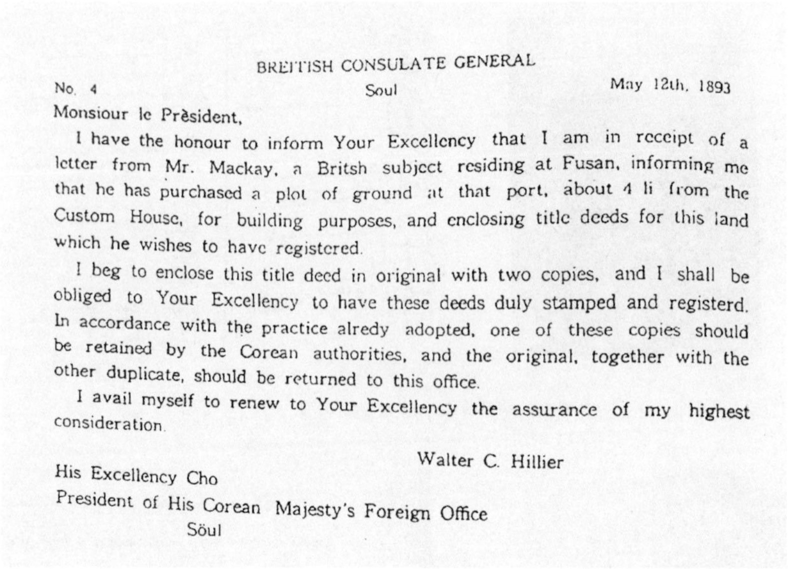

No. 4   Soul   May 12th. 1893

Monsiour le Président,

I have the honour to inform Your Excellency that I am in receipt of a letter from Mr. Mackay, a Britsh subject residing at Fusan, informing me that he has purchased a plot of ground at that port, about 4 li from the Custom House, for building purposes, and enclosing title deeds for this land which he wishes to have registered.

I beg to enclose this title deed in original with two copies, and I shall be obliged to Your Excellency to have these deeds duly stamped and registerd. In accordance with the practice alredy adopted, one of these copies should be retained by the Corean authorities, and the original, together with the other duplicate, should be returned to this office.

I avail myself to renew to Your Excellency the assurance of my highest consideration.

                                        Walter C. Hillier

His Excellency Cho
President of His Corean Majesty's Foreign Office
            Söul

[그림 6] 1893년 맥케이 목사 토지매입 관련 영국 영사관 서류

에 이사벨라 멘지스가 파송된 그 해에 맥케이 목사가 영국 영사관에 토지 매입 서류를 제출한 내용이 확인된다.

『동래학원 100년사』 기록에 의하면, 호주 선교사들이 부모를 잃은 고아를 안타깝게 여기고 이들을 한국인 선교사로 만들기 위해 돌보았다고 하였다. 내용에는 부산 좌천동 소재의 초가집 세 칸에서 고아원을 시작하여 여성교육기관으로 성장시켰다고 하였다.

1892년 멘지스양과 페리양은 3명의 고아를 자기 집으로 데리고 가서 한국인을 위한 선교사를 만들기 위해 어린 아이들을 교육시켰는데, 그 뒤 많은 소녀들이 모여들었고, 조그만 고아원은 1895년에 주간학교(晝

[그림 7] 호주 선교사들이 구입한 초가집(맨 왼쪽부터 멘지스, 무어, 페리 선교사)

間學校)를 차리게 되었으니 이 누추하고 보잘것없는 시작이 날로 번창
하므로 학교 이름을 일신(日新, Daily-New)이라 부르기로 하였다.

―『東來學園 100年史』중에서

　1895년에 부산진일신여학교가 설립되었다. 3년 뒤였던 1898년 9월에
서울 북촌에서 최초 여권선언 「여권통문(女權通文)」이 발표되었으니 호주
선교사와 한국의 소녀들의 만남은 이른 셈이다. 1900년 이전에 설립된 전
국 9개교 중 영남지역에서 유일한 교육기관이었던 부산 일신여학교는 일
찍이 주목을 받았다. 사립 일신여학교 초대 교장 멘지스(B. Menzies)는 "국
가를 발전시키기 위해서는 부인들과 어머니들이 반드시 교육되어야 한
다"고 하였다. 남녀평등의식과 정의로움을 선교활동과 교육을 통해서 실
천한 멘지스. 1904년 300파운드의 건축비용로 건축된 선교관은 1905년

[그림 8] 일신여학교 1회 졸업생 사진, 『동래학원100년사(1895-1995)』

일신여학교 교사로 사용되어 재학생 수는 50여 명을 수용했다.

　1910년 일제로부터 국권을 강탈당하면서 1911년 일제에 의해 조선교육령이 공포되었다. 많은 학교가 존폐 위기를 맞았지만 부산진일신여학교는 1913년 3월 31일 제1회 졸업생 4명을 배출했는데, 바로 양한나·방순달·박덕술·문순검이 그들이다.

3. 호주 선교사, 명예회복을 위한 추적의 길에서

　무관심의 영역에 있는 일제강점기 '해외 선교사'의 활동. 이제는 그들의 지난 활동에 관심을 가지고 명예회복을 돌려줄 수 있는 역사의 소통이 필요하다. 그들은 일제의 탄압에 저항하는 한국인과 함께 독립운동에 헌신했고 선교활동뿐만 아니라 고아원 설립, 의료활동, 교육활동, 그리고 독립활동에 이르기까지 광범위한 활동을 했다.

1889년 호주의 빅토리아장로교회에서 한국에 호주의 첫 선교사 데이비스를 파송한 후 1945년 이전까지 78명을 파송했다.[14] 그 인연은 1950년 6.25전쟁이 발발했을 때, 호주의 한국을 위한 육해공군 지원으로 이어졌다. 한국에 파송된 호주 선교사의 활동을 추적하는 과정에서 필자는 여선교사들이 평생을 혼인하지 않고 한국에서 젊은 날 헌신을 했을 뿐만 아니라 한국여성의 의식변화와 독립운동에도 참여한 사실을 확인할 수 있었다. 특히 부산진일신여학교를 설립한 호주 선교사 이사벨라 멘지스를 주목했다. 부산진일신여학교는 부산여성항일정신의 터전으로 1919년 3.1만세운동의 불씨를 틔웠고 신사 참배에 맞선 독립운동가를 배출했다.

이런 이유에서 호주 선교사 발굴을 시작했지만 그녀들의 명예회복을 위한 추적의 길은 멀었다. 초기 발굴을 진행한 지 2년에 접어들면서 추가 연구진이 합류하여 일부의 성과가 있었다. 한호수교 60주년에 맞추어 이분들의 명예를 회복시켜 드리자는 취지에서 2년 3개월 동안 밤낮을 가리지 않고 이들의 독립운동 행적을 찾기 시작했다. 이사벨라 멘지스에 이어 마가렛 데이비스·데이지 호킹까지 3인의 독립운동을 규명하는 자

---

14 1945년 파송된 호주 선교사는 78명이며, 19명은 선교사의 아내, 24명은 해외선교사(FMC) 파송, 35명은 호주 여전도회연합회(PWMU)에서 파송한 선교사였다. 1945년 이전 파송된 여선교사 54명은 전체의 69%를 차지, 비율이 매우 높게 나타났다.

료를 찾았을 때, 그제야 소리쳐 웃을 수 있었다.

┃호주 여선교사의 발굴

호주 여선교사의 발굴은 기초자료가 수집된 뒤 추가로 교차검증을 했다. 국내자료, 일본자료, 외교문서, 호주 보고서자료 등을 기초자료로 수집했고 교차검증을 진행하였다. 호주 여선교사의 발굴조사는 2019년 8월부터 2021년 10월까지 2년 3개월 동안 진행하였는데, 국내 조사와 국외 조사를 병행했다.

[자료1] 호주 여선교사 발굴과정

국내 조사는 '일신여학교'의 호주 선교사와 일신여학생의 독립운동를 중심으로 조사를 했는데, 일신여학생과 호주 선교사의 활동 연계성을 중점적으로 추적했다. 국외 조사 가운데 일본 자료는 1919년을 기점으로 일신여학교·호주 선교사·일신여학생의 독립운동 자료 및 진술자료, 투옥자료 등을 중심으로 추적했다. 호주 자료는 활동 시기의 폭을 점차 좁혀 나갔고, 1919년을 기점으로 호주 선교사가 호주에 보고한 선교사 일지 및 기록물을 중점적으로 조사하였다. 발굴 조사의 주요 대상은 일신여학교를 운영하고 설립한 멘지스를 중심으로 동시대에 활동한 교장, 교사, 사감 등 일신여학생들이었다. 특히 부산 만세운동으로 구금 및 불구속 기소된 호주 여선교사 이사벨라 멘지스를 중심으로 진행하다가 마가렛 데이비스·데이지 호킹의 활동이 재확인되면서 추가 조사가 진행될 수 있었다.

▌호주 여선교사의 독립운동 자료

호주 선교사의 만세운동 과정에서 학생들을 보호하는 교사로서 본분을 다했을 뿐만 아니라 일제의 부당함에 독립운동가로서 항일의지를 피력하였다는 점에 주목했다. 호주 여선교사 3인의 독립운동 관련 주요자료는 다음과 같다.

1) 부산 3.11만세운동의 일본 외무성자료
2) 호주 女선교사의 부산 3.11만세운동에 대한 PWMU 보고자료
3) 미국 영사관문서
4) 신문기사
5) 교회자료 외 기타자료

특히 3월 11일 부산만세운동의 활동자로 보고 '보안법 위반' '증거인멸'의 죄명을 부여한 내용과 외국인 신분으로 불구속 기소 또는 기소유예로

[그림 9] 호주 여선교사(멘지스·데이비스·호킹)

처분된 내용을 규명하는 데 집중했다. 이 사실은 부산진일신여학교 교사 및 학생과 함께 체포된 호주 여선교사에 대해 1919년 4월 20일 자 작성한 일본외무성,「不逞團關係雜件 朝鮮人ノ部 在內地 五(불령단관계잡건 조선인의 부 재내지 5)」기록과 1919년 3월 11일 자 일본외무성기록「不逞團關係雜件-朝鮮人의 部-朝鮮人과 宗敎 1(불령단관계잡건-조선인의 부-조선인과 종교 1)」에서 확인된다.

▎이사벨라 멘지스(민지사)

이사벨라 멘지스는 호주 빅토리아주 발라렛에서 10남매 중 첫째로 출생했다. 한국에 파송된 최초 호주 여선교사 3인 중 1인이며[15] 개화기와 일제강점기를 지나 은퇴할 때까지 부산과 경남 일대에서 활동했다. 멘지

---

15 초량교회(1994), 『초량교회 100년사(1892-1992)』, 61쪽.

스 활동에서 주목되는 점은 몇 가지로 요약할 수 있다.

첫째, 부산 경남지역에서 여성독립운동가를 키워 낸 교육터전이었던 부산진일신여학교의 설립자라는 점이다. 1893년 미우라 고아원을 설립했고,[16] 1895년 10월 영남 최초의 근대여성교육기관인 '부산진일신여학교'를 설립하여 부산진일신여학교에서 동래 일신여학교, 그리고 동래 여자고등학교에 이르기까지 부산여성정신의 맥을 일구었다.[17] 1895년 10월 5일 호주 선교부가 고아와 결손자녀·여성·부인을 대상으로 근대교육을 시작함으로써 부산 여성의 의식은 변화될 수 있었다. 그런 점에서 볼 때, 멘지스는 호주 여선교사 역사의 시작임과 동시에 부산여성독립운동의 시발점에 서 있었던 인물이라고 보아도 과언이 아니다. 멘지스는 부산진일신여학교의 초대교장을 시작으로 학생 감독교사, 기숙사 책임교사를 비롯하여 본연의 활동인 선교활동을 충실히 했고 1919년 부산 3.11만세운동에서 함께 저항했다. 부산 동래 일신여학교로 학교가 이전한 뒤에는 신사참배 거부를 한 주도 인물로 일제의 감시대상이 되었다.

1919년 3월 11일 부산 좌천동 일대에서 전개된 만세운동에서 교사와 학생들을 보호하기 위해 나섰던 것은 멘지스를 비롯한 호주 여선교사들이 있었다. 당시에 멘지스는 62세의 노령임에도 불구하고 학생들을 보호하기 위해 학생들이 제작한 태극기를 소각했고 일본경찰에 체포되었

---

16 E.A. Kerr and Grorge Anderson(1970), *The Austrian Presbyterian Mission in korea*, 1889-1941, Australian Presbyterian Board of Missions, 12 and Minetes. F.M.C. 21 Mar, 1893.

17 동래학원(1994), 『동래학원100년사(1895-1995)』.

[그림 10-1] 멘지스 한국선교 25주년 기념시계

으며 기소유예 처분을 받았다.[18] 멘지스는 지역민들로부터 존중을 받고 있었다. 미우라 고아원에서는 부모가 없는 신복(信福)을 양녀로 입양하여 키웠고 한국인 성씨 민(閔)씨를 받아서 민신복의 어머니가 되었다. 멘지스의 소장품 중에는 한국선교 25주년 기념시계가 있다.[19]

[그림 10-2] 멘지스와 민신복

멘지스에 대해 마가렛 데이비스는 1919년 3월 11일 부산의 만세운동에서 학생들과 체포되어 심문을 당하여 나이가 많았던 멘지스 육신이 심각하게 손상되었다고 보고하였다.[20]

---

18 『매일신보』(1919. 3. 16.)

19 밀양 무지개전원교회역사관 소장(서경순 교수 2022.07.24. 촬영).

20 Margaret Davies(1923.), 「Miss Davies Writes from Fusanchin, 1th October, 1923」, *The Chronicle Of The Presbyterian Women's Missionary Unions Of Victoria and Queensand*.

[그림 11] 멘지스의 묘(호주 발라렛 소재)

1919년 독립운동 때 멘지스가 어떤 일을 겪었는지 잘 알고 있다. 그녀의 육신에 심한 손상이 있었고, 그 후 사람들은 그녀가 다시 이 땅에 돌아올 확률이 없다고 생각하였다.

멘지스는 호주로 돌아간 뒤 1930년 11월에 76세의 노령으로 부산을 방문했다. 수양딸 민신복의 결혼을 축하했고 결혼 선물로 좌천동의 한옥 한 채를 마련해 주었다. 이사벨라 멘지스는 1935년 9월 10일 79세의 나이로 생을 마감했다. 이제는 그녀의 흔적을 발라렛 공동묘지에서 확인할 수 있지만, 꽃다운 나날들을 한국의 학생, 교사, 양녀를 위해 헌신했던 이사벨라 멘지스를 이제 우리가 기억해야 하지 않을까.

4. 호주 선교사, 한국의 독립운동가 되다

2019년 8월부터 2021년 10월까지 호주 여선교사의 독립운동 기록을 추적하고 발굴 조사하는 과정에서 우리는 우리의 역사를 타자적 관점에서 바라보았다. 이방인이었으나 우리나라의 독립을 위해 목숨을 걸고 활동했던 또 다른 독립운동가들.

호주는 6·25전쟁이 발발한 뒤 미국 다음으로 신속하게 한국에 파병하여 한·호혈맹의 선례를 남긴 국가였다. 어떻게 한국에 신속하게 파병을 결정할 수 있었을까. 당시 호주 연방 총리는 로버트 멘지스(Robert Menzies)[21]였다. 로버트 멘지스는 최초 한국에 파송된 호주 여선교사 이사

[그림 12-1] 2021년 호주 선교사 3인의 독립운동 공적서류 제출[22]

---

21 로버트 멘지스는 호주연방총리를 2번 역임, 재임기간이 18년으로 최장수 연방총리였다. 일

[그림 12-2] 2022년 호주 여선교사 포상 확정

[그림13-1, 13-2, 13-3] 2022년 호주 선교사에 부여된 훈격

제강점기와 한국전쟁 당시에 호주 총리를 지냈고 한국에 대한 소식을 집안의 고모였던 이사벨라 멘지스로부터 정보를 전달받아 6.25 전쟁 참여에 빠른 결단을 내릴수 있었던 것으로 판단된다.

22 2021년 10월 한국여성독립운동연구원 호주 선교사 발굴팀은 국가보훈부에 독립운동 공적서류를 제출했다. 멘지스, 데이비스, 호킹 선교사 각각 103장의 공적서류를 제출하였고, 2022년 3월 독립운동가로 서훈되었다는 결과공문을 국가보훈부로부터 받았다. 발굴 참여진은 필자

벨라 멘지스의 조카였기 때문에 한국의 상황을 빨리 파악할 수 있었다. 이 사실로 멘지스는 참으로 한국과 각별한 인연이 있다는 생각이 든다. 오랜 기간이 소요되었고 자료발굴을 위한 추적을 거듭하며 여러 번 난관에 봉착했지만 한국독립을 위해 헌신한 해외 선교사의 명예를 되찾아 주는 과정을 포기할 수 없었다.

숨 가빴던 호주 선교사의 활동만큼이나 바쁘게 추적을 했다. 그 결과 2022년 3월 국가보훈처는 신청한 호주 여선교사 3인의 독립운동을 확인

[표 1] 호주 선교사 3인의 독립운동 확인

성명	직업	국적	일시	장소	행위	죄명	처분	훈격
마가렛 데이비스 [マガレッエ デイジ]	日進女學校 (일신 여학교 교장)	오스트레일리아	3월 11일	부산 동래	日進女學校의 교원과 생도의 시위운동을 인솔함.	보안법 위반	불기소	애족장 (독립 운동 지원)
데이지 호킹 [デジー ホツキン]	선교사 (일신 여학교 교사)	오스트레일리아	3월 11일	부산 동래	日進女學校의 교원, 생도의 시위운동을 인솔함.	보안법 위반	불기소	건국 포장 (독립 운동 지원)
이자벨라 멘지스 [イサベラ メンジエス]	日進女學校 (설립자) 학생 감독	오스트레일리아	3월 12일	자택	시위운동에 供用하기 위해 작성한 舊韓國國旗를 소각.	증거 인멸	기소 유예	건국 포장 (독립 운동 지원)

를 비롯하여 서경순 교수, 발굴조사 보조를 한 심지희, 정미림 연구원이며 코로나바이러스로 힘든 시간에 함께했다.

하고 독립유공자로 추서하였다. 호주인으로서 최초 서훈이며, 오세아니아지역에서 최초로 인정받은 외국인 선교사, 호주 여선교사는 한국의 독립운동가가 되었다.

조지 새넌 맥큔과

『The Mansei Movement』

조지 새넌 맥큔(George Shannon McCune) 가족사진

1. 하와이에서 만난 한국의 만세운동

▌선교사 가족이 전해 준 한국 만세(Mansei)

세월은 흐르고 역사의 흔적은 남는다.

타국에서, 그리고 고국에서 대한의 만세운동을 이어 간 가족이 있다. 그들은 왜 한국을 찾았고 한국의 독립을 위해 저항의 목소리를 내었을 까. 태평양을 건너 가족과 함께 도착한 낯선 땅, 그들은 스스로 한국의 독립을 위해 발로 뛰는 독립운동가가 되었고 독립운동가 가족이 되었다. 그들에겐 어떤 일이 일어났던 것일까.

2022년 가을 무렵, 필자는 하와이에서 걸려 온 한 통의 전화를 받았다. 오랫동안 관련 분야에서 함께 발로 뛰며 활동을 한 작가로부터 온 전화 였다. 그는 해외에서 독립운동의 흔적을 찾아 독립운동가 후손의 사진을 담고 있었는데, 한 독립운동가 가족의 기록을 보게 된 것이다. 그가 손에 쥔 책자의 제목은 『The Mansei Movement』.

한국인이라면 누구나 가슴 뛰게 되는 역사, '만세운동' 이름의 책자가 그의 손에 들려 있다는 것이었다. 앞서 필자는 2019년에 한 달간 하와이에 머물며 독립운동 활동지와 흔적들을 조사했었다. 그런 이유로 작가의 방문에 이런저런 덕담을 해 주었는데, 뜻밖의 연락에 나도 가슴이 뭉클해졌다. 그 책에는 어떤 내용이 담겨 있을까. 선교사의 아들, 그리고 손자에게 전해진 만세운동이 담긴 책자 소식에 그날 잠을 이루지 못했다. 그렇게 나는 국내에 선교사로 방문하여 머물렀던 맥큔(McCune) 집안의 스토리와 만세운동 이야기와 마주했다.

▌선교사 가족의 『The Mansei Movement』

『The Mansei Movement(만세운동)』 제목으로 남겨진 책자의 주인공은 새넌 맥큔(Shannon McCune)이며 이 책자는 그의 회고기록이다. 그런데 새넌 맥큔은 잘 알려지지 않은 인물이어서 누구인가 궁금했다. 그는 한국에 파송된 수많은 선교사 중에서 애써 찾지 않으면 모를 수도 있는 선교사의 가족 중의 한 사람일 것이라 생각했다. 그런데 새넌 맥큔의 기록을 받아 번역하는 과정에서 그가 누구이며 어떤 일을 했을지 찾으면서 그의 가족도 궁금해졌다. 그가 왜 'The Mansei Movement'를 주제로 발표를 했고, 이 주제로 발표하게 된 배경으로 한국을 방문한 가족이 누구이며, 그는 왜 한국에 있었을까 하는 수많은 물음이 머리를 스쳤다.

필자는 무엇보다도 새넌 맥큔(Shannon McCune)의 한국에 대한 그의 사유, 깊은 마음의 근원이 무엇인지를 알아야 했다. 새넌 맥큔 일가(一家)의 흔적을 추적한 지 한참의 시간이 흐른 뒤에야 필자는 새넌 맥큔은 한국의 독립을 위해 헌신한 독립운동가 조지 새넌 맥큔의 가족이라는 사실을 확인했다. 그의 부친 조지 새넌 맥큔(George Shannon McCune, 1873-

1941)은 한국 이름 '윤산온'으로 한국의 독립운동 지원 활동을 한 독립운동가였다. 1911년 105인 사건의 관련 인물이며 일본의 신사참배 거부를 하여 미국으로 추방당했는데, 이후에도 한국의 독립을 위해 지원활동을 멈추지 않았다. 이에 조지 새넌 맥큔은 한국의 독립운동에 헌신한 공적을 인정받아 1963년에 독립장을 수여받은 독립운동가였다. 조지 새넌 맥큔(George Shannon McCune, 윤산온, 1873-1941)의 부인 헬렌(Helen Bailey McAfee McCune, 1872-1952)도 함께 한국에 파송되어 활동한 대표적인 선교사 부부라고 할 수 있다. 부인 헬렌은 파크대학 설립자 존 A. 맥아피(John Armstrong McAfee)의 외동딸이었다. 두 사람은 파크대학에서 만났는데, 만학도였던 조지 새넌 맥큔과 젊은 교수 헬렌의 만남은 혼인으로 이어져 사랑의 결실을 맺었다. 그리고 1904년 장로교 교육 선교자로 지명된 뒤 1905년에 한국으로 파송되었다. 필자와 인연이 된 기록물의 주인공인 새넌 맥큔과 부친 조지 새넌 맥큔, 모친 헬렌 모두 한국에 파송되었다. 맥큔 부부는 1905년 교단의 선교사들을 태운 안토 마루호를 타고 한국에 도착했는데, 이 배는 일본과 한국, 중국, 인도, 필리핀으로 향하는 긴 여정으로 출발했다. 한국에 도착할 즈음, 풍랑으로 고생을 했고 겨우 구조되어 한국에 도착할 수 있었다.

우여곡절 끝에 한국에 도착한 맥큔 부부는 선교활동과 교육활동, 그리고 독립운동에 뛰어들었다. 그들의 활동이 확장될 수밖에 없었던 이유는 당시 한국은 일제강점의 암흑기에 접어들었고 일제의 탄압이 시작되었기 때문이다. 맥큔 가족 모두가 한국 이름을 가지고 있다는 사실을 확인하면서 이들은 일제강점기를 버텨 낸 한국인의 정신을 함께 공유하고 있었구나 하는 생각이 들었다. 부친 조지 새넌 맥퀸이 한국 이름 '윤산온'이라는 이름을 가진 과정을 보면, 그 이유는 단순했다. 부르는 발음과 한국의 성과 이름을 부르는 발음이 만나서 유사한 발음의 이름으로 탄생했다. 미국식 이름을 한국 이름으로 바꾸는 과정에서 성씨 '맥퀸(McCune)'은 '윤'으로 바뀌었고, '새넌(Shanon)'이 '산온'으로 바뀌어 한국 이름 '윤산온'이 되었다. 그의 이름은 한국인 성씨의 발음과 가장 가까운 성씨이며 외국식 발음과 한국식 발음을 통칭한 미국 선교사가 칭하는 성씨의 근원이라고 할 수 있다. 부친 조지 새넌 맥퀸은 독실한 기독교인이지만 한국의 105인 사건과 3.1운동, 신사참배 반대 등에 참여한 선교사였다. 1936년 초에 신사참배 반대로 인해 미국으로 추방되기 전까지 그는 평양 숭실전문학교와 숭실중학교의 교장직을 수행하면서 선교활동과 독립운동을 실천했다. 더욱 놀라운 것은 부친 조지 새넌 맥퀸뿐만 아니라 모친 헬렌(Helen McAfee McCune)도 평양에서 주일학교 교사, 여성 성경학교를 운영한 선교사 부부로 활동했다는 점이다. 이처럼 맥퀸 부부는 1905년부터 1936년 초까지 한국에서 선교 및 독립운동에 헌신했다.

그런데 한국에 대한 애정이 특별했던 맥퀸 부부가 한국을 떠난 이유가 무엇일까. 그 배경에는 일제강점기 일본이 외국인 선교사에게도 강제로 요구한 신사참배 사건이 있다. 1935년 11월 14일 평남도청에서 개최된 공립·사립 중등학교의 교장단 회의에 참석했던 조지 새넌 맥퀸은 일본이 신사참배를 강하게 요구하자 참배를 단호히 거부했다. 그것이 일제가 그를 주목하게 된 시작이었다. 이를 계기로 일본은 기독교인들이 타협을 반대한다는 보고를 했다. 조지 새넌 맥퀸은 신사 참배에 대한 강요가 종교의식이 아니라 국민의례라는 총독부의 주장과 정면 대치하면서 이를 강하게 부정해서 해임되고 말았다.

부친 조지 새년 맥큔은 가만히 있지 않았다. 일본헌법 제22조에 근거하여 종교의 자유를 보장해야 한다는 내용을 강조했고 1858년에 체결된 미·일 조약 내용을 근거로 들어서 종교의 자유에 대한 침해라고 하였다. 그리고 일본의 신사참배 강요는 국가의례가 아닌 종교의식이므로 불합리하다는 근거를 제시했다. 이에 일제는 1936년 1월 18일 조지 새년 맥큔을 숭실전문학교와 숭실중학교 교장에서 해임하고 말았다. 깊은 사랑을 품었던 한국에서 그는 그렇게 추방당했다. 조지 새년 맥큔은 1941년 12월 7일 세상을 떠나기 전까지 한국의 독립과 만세운동, 일제의 탄압과 한국의 실정 등을 해외에서 알리는 활동을 멈추지 않았다.

놀라운 사실은 필자와 인연이 된 기록은 부친 조지 새년 맥큔의 기록이 아니라 그의 네 자녀 중에서 막내아들인 새년 맥큔의 기록이었다. 조지 새년 맥큔은 네 자녀를 두고 있었다. 첫째 안나(Anna Catherine McCune, 1906-1995), 둘째 조지 맥아피 맥큔(George M. McCune, 1908-1948), 셋째 헬렌(Helen Margaret McCune, 1911-1984), 넷째 새년 맥큔(Shannon Boyd-Bailey McCune, 1913-1993)의 네 자녀가 있었다. 그중에서 가장 어렸던 막내아들 새년 맥큔(Shannon McCune)은 자신의 6살 기억을 『The Mansei Movement』로 남겼다. 필자가 새년 맥큔을 이야기하기에 앞서 부친 조지 새년 맥큔의 이야기를 소개한 이유는 맥큔 가족 모두가 1919년의 3.1운동을 기억하고 있고 한국의 독립운동을 응원하고 있었기 때문이다.

만세운동, 그 사건이 일어났을 때 그는 겨우 6살이었지만 그의 뇌리에는 정확히 한국의 만세운동이 남겨져 평생 기억으로 남아 기록물로 남게 된 것이다. 더욱이 새넌 맥큔은 1913년 한국의 평양에서 출생했기 때문에 한반도의 분단으로 고향 평양은 자유롭게 왕래하기가 힘든 곳이 되고 말았다. 지금도 맥큔가(家)와 한국의 인연이 빚어낸 역사는 멈추지 않고 있다. 필자는 새넌 맥큔(Shannon McCune)의 만세운동 기록을 중심으로 그들이 바라본 한국의 만세운동을 소개하고자 한다.

2. 새넌 맥큔의 기억: 탄압받는 한국

▮ 어린 시절, 그리고 105인 사건

1919년 3월 1일은 저에게 기억에 남는 날이었습니다. 아직 여섯 살밖에 안 되었었지만 그날의 몇 가지 모습과 그 여파가 아직도 기억에 남습니다….

새넌 맥큔은 6살의 나이였다. 1919년 3월 1일에 전개된 한국의 만세운동의 현장을 직접 바라보았고 동시에 만세 운동에 참가한 외국인 어린이였다. 그가 남긴 기록은 한국의 변화하는 사회를 바라보며 성장한 새넌 맥큔의 이야기로 담겨져 있지만 1919년 3.1운동의 작은 사건들도 기록으로 남겼다.

1919년 3월 1일 아침, 새넌 맥큔은 평안북도 선천의 장로교 선교단 구내에 있는 집에 있었다. 선천 지역은 신의주(新義州)에 인접해 있는 곳이다. 인근 지역이었던 평안도와 대도시 평양(平壤)과 인접해 있었기 때문에 상인들과 교류가 빈번했고 평양을 기점으로 만주를 드나드는 기독교인이 많았다. 특히 선천군은 부친 조지 새넌 맥퀸의 주요 활동지였던 평양과 함께 활발한 선교활동지였다는 점에서 주목된다.

어린 시절 새넌 맥퀸은 선천에서 5일마다 열리는 시장에 부모님과 함께 자주 찾았다. 시장에 가면 많은 사람들이 모였기 때문에 장로교 선교사들도 그 곳에서 만나 선교활동도 소개하고 선교활동도 활발하게 진행될 수 있는 곳이었다. 그의 기록에 의하면, 선천 시장을 중심으로 형성된 마을에는 선교사들이 세운 두 개의 교회가 있었는데, 한 곳은 어린 소년들을 위한 선교 학교의 역할을 하는 교회였고 또 다른 곳은 선교 병원으로 운영되고 있었다. 새넌 맥퀸은 선교사 가족으로 부친 조지 새넌 맥퀸의 활동이 가족뿐만 아니라 다른 선교사에게도 영향을 준 것으로 기억하

[그림 1-1] 한국 선천 신도들과 윤산온이 함께, 『신한민보』(1913. 9. 5.)

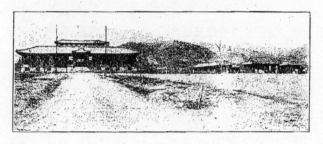

[그림 1-2] 한국 신천신성학교 정경, 『신한민보』(1913. 8. 15.)

[그림 1-3] 평안북도 선천신성학교 학생 전체, 『신한민보』(1913. 8. 8.)

고 있다. 부친은 1909년 선천신성학교에 2대 교장으로 부임했다. 1907년 평양의 대부흥 운동이 일어난 뒤 위트모어 선교사에 의해 선천신성학교는 1906년 9월 선천읍 교회당에서 26명의 학생으로 개교한 곳이다.

새넌 맥퀸의 기록에 의하면, 부친은 학교를 운영하면서 많은 한국인과 만났고 특히 독립운동 관련 사건으로 투옥된 기억을 남겼다. 1910년 '일

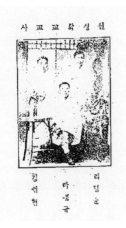

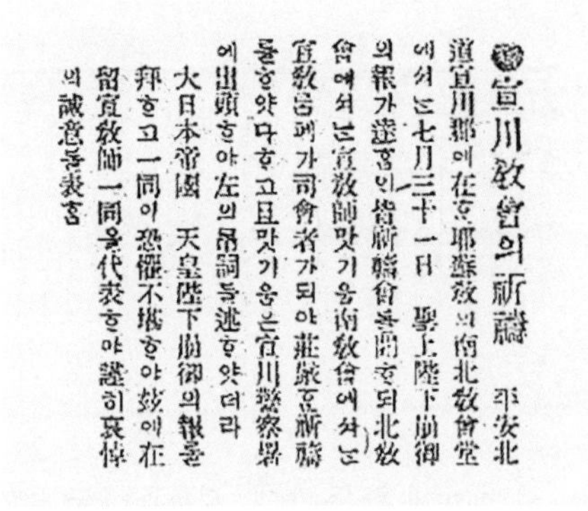

◎宣川敎會의祈禱 平安北
道宣川郡에在ᄒᆞᆫ耶蘇敎의南北敎會堂
에셔ᄂᆞᆫ七月三十一日 聖上陛下崩御
의報가達ᄒᆞᆷ이皆祈禱會를開ᄒᆞ되北敎
會에셔ᄂᆞᆫ宣敎師맛기옹南敎會에셔ᄂᆞᆫ
宣敎師페가司會者가되야莊嚴ᄒᆞᆫ祈禱
를ᄒᆞ얏다ᄒᆞ고且맛기옹은宣川警察署
에出頭ᄒᆞ야左의弔詞를述ᄒᆞ얏더라
大日本帝國 天皇陛下崩御의報를
拜ᄒᆞ고一同이恐懼不措ᄒᆞ야玆에在
留宣敎師一同을代表ᄒᆞ야謹히哀悼
의誠意를表ᄒᆞᆷ

[그림 1-5] 선천교회, 『매일신보』(1912. 8. 7.)

[그림 1-4] 평북 선천신성학교 교사, 『신한민보』(1913. 8. 15.)

본 총독 데라우치 마사타케'의 암살과 관련해서 많은 한국인이 부친 조지 새넌 맥큔과 함께 기소되거나 투옥되었다고 기록하였는데, 일제의 조작에 의한 사건이라고 하였다.

> 1910년 12월 말, 일본 총독 데라우치 마사타케 백작을 암살하려는 시도가 있었던 것으로 추정됩니다. 많은 한국인들이 소위 음모를 자백하기 위해 투옥되고 고문을 당했지만, 이것은 완전히 조작된 이야기였습니다.

일본이 암살 인물로 언급한 일본 총독 '데라우치 마사타케'는 초대 조선총독이며 제3대 한국통감으로 활동한 인물이다. 그는 러일전쟁에서 큰 공을 세워 인정을 받았는데, 당시 남만주 철도주식회사의 위원을 맡

新韓民報

건국긔원ᄉ쳔이ᄇᆡᆨᄉ십오년뉵월십칠일

암살의옥ᄉ건

▲寺內殺暗謀獄의略歷▼

▲예수교박멸책 일인은량에넘치는한국을삼켜노코잘삭지안을가두려워빈방으로쇼화재를쓰는데임의젼국빅셩입에쟈갈을물니고슈족에결박을더ᄒᆞᆫ후참검을둘고딕히논둥이나그러나그통에예일깃치거리논미운것은예수교도를이라엇더케ᄒᆞ면한국닋에예수교도의조최를끈키홀고ᄒᆞ는여러뭐리의샤록ᄒᆞᆫ졍칙이날노쥬밀ᄒᆞ다가맛춤니스년을압살ᄒᆞ려논음모가예수교도들에게잇다ᄒᆞ고젼국니에조국졍신을가진쟈를일망타진ᄒᆞ야옥둥에넣코악형참살ᄒᆞᆫ딕가무쌍ᄒᆞᆫ둥이라

▲이ᄉ건에잡힌사름들은 긔독쳥년회당윤리호씨와젼대한ᄆᆡ일신문쥬필량긔탁씨와젼칙령류동열씨와기타예수교회에지명ᄒᆞ는목ᄉ들파학교교ᄉ들을합ᄒᆞ야一百三十여명이며이외에학교싱도와또ᄒᆞᆫ세상에셔알지못ᄒᆞ게잡혀갓친수효가심히만ᄒᆞᆫ터인딕혹쟈논옥둥에셔악형을못익이여참혹ᄒᆞᆫ죽엄이된이도만타더라

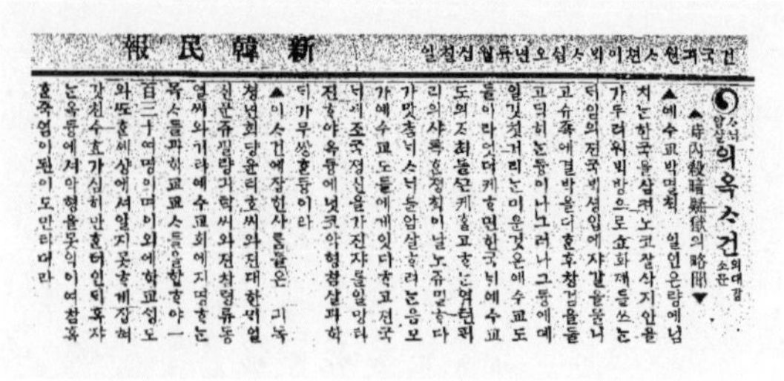

[그림 2]

『신한민보』(1912. 6. 17.)

아 활발하게 활동했다. 제3대 한국 통감으로 부임한 뒤에는 이완용을 앞세워 강압적인 무단통치와 헌병의 경찰 직무 통치를 실시하는 등 일제식민화 작업에 앞장선 인물이다. 일본 총독 데라우치 마사타메는 한국의 지식인들을 제거하기 위해 1911년 '105인 사건'을 일으켰다. 새넌 맥큔의 기록에 의하면 이미 1910년 12월부터 '많은 한국인이 투옥되고 고문을 받았다'고 언급하고 있다. 당시에 105인 사건으로 수많은 한국인이 체포되거나 투옥되었고 고문을 당했다. 1912년 6월 17일 자 『신한민보』 기사에는 '105인 사건'과 기독교의 연관성, 그리고 체포된 인물들이 기독교 관련된 인물들이었다는 내용이 실려 있다.

이 사건으로 잡힌 인물들은 '기독청년회당'으로 통칭 표기한 기사와 같이 관련 인물이 130명 이상이며, 모두가 체포되어 투옥되는 등 악형을 면치 못했다. 그 당시에 부친 조지 새넌 맥큔도 105인 사건 관련해서 선동한 혐의로 기소되었다.

새넌 맥큔은 105인 사건으로 부친이 체포되어 투옥되고 감옥에서 풀려난 지 2주 뒤에 태어났다. 그래서 새넌 맥큔의 이름이 지어진 배경에도 105인 사건 재판과 관련이 있다고 하였다.

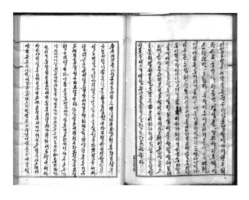

… 제 아버지인 조지 새넌 맥큔은 음모를 선동한 혐의로 기소되었습니다. 이 혐의의 우스꽝스러운 성격을 지적한 것은 그가 학생들과 친구들에게 방송국을 둘러싸게 하고 악수하는 사람에게 총을 쏘라고 했다는 주장이었습니다. 분명히 이것은 저희 아버지를 매우 노출되고 위험한 위치에 놓이게 했을 것입니다! 저는 제 이름이 이 음모사건과 재판에서 유래되었다는 사실이 자랑스럽습니다.

새넌 맥큔은 105인 사건을 음모사건이라 통칭하며, 자신의 이름이 이 사건에 유래되었다는 사실을 자랑스럽게 생각한다고 기록하고 있다. 이처럼 그가 남긴 기록 곳곳에는 부친과 모친, 형제들이 겪었던 이야기가 담겨 있다. 부친 조지 새넌 맥큔은 이후 미국으로 추방된 뒤 일제의 위험한 음모사건으로 105인 사건을 해외에 알렸다. 그가 알린 내용은 1939년 9월 28일 자 『신한민보』에서 확인된다. '윤산온 박사의 일화, 약력' 기사 내용과 함께 그가 기억하는 105인 사건을 소개하는 내용이 당시의 사실

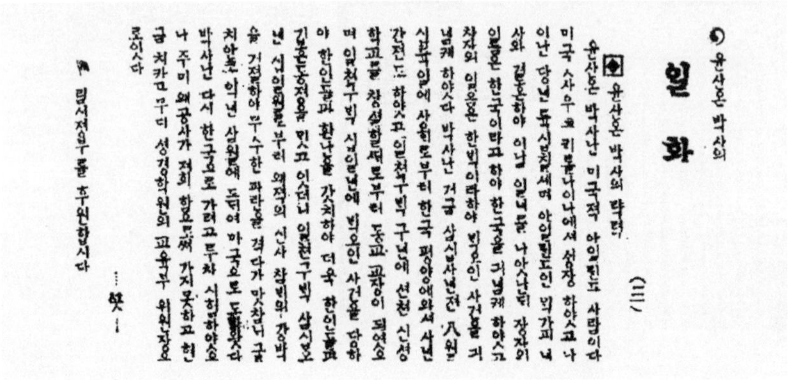
윤산온 박사의
일 화 (三)
◆ 윤산온 박사의 략력
윤산온 박사난 미국적 아일랜드 사람이다
미국 스사우 쾌 키룰나이나에서 성장 하얏스고 나
이난 당년 륙십칠세며 아일랜드인 뵈가피 녀
사와 결혼하야 이남 일녀를 나아스나뎌 장자의
일홈은 한국이라고 하야 한국을 기념케 하얏스고
차자의 일홈은 한비이라하야 비상인 사건을 기
념케 하얏스다 박사난 거금 삼십사년전 八월
시무구일에 사원로부터 한국 평양에와서 사년
간전도 하얏스고 일천구백 구년에 선천 신성
학교를 창설할때로부터 동교 교장이 되엿스며
며 일천구백 십이년에 비오인 사건을 당하
야 한인들과 환난을 갓치하야 더욱 한인들의
기념을 밋스고 이엿더니 일천구백 삼십오
년 신이일부터 왜적의 신사 참배와 강박
을 거절하야 무수한 파란을 격다가 맛참니 굴
치안코 익년 삼월에 드듸여 미국으로 도라왓다
박사난 다시 한국으로 가려고 두차 시험하얏스나
나 주미 왜공사가 져희 할때 가지못하고 현
금 치카고 무디 성경학원의 교육부 위원장으
로이스다
…(끗)
림시정부를 후원합시다

[그림 4] 『신한민보』(1939. 9. 28.)

을 증명하고 있다. 먼 타국에서 선교활동을 했던 선교사 가족들을 대상으로 한 일제의 식민지화 정책과 탄압, 구속 등 일련의 변화는 시대변동과 함께 큰 충격으로 다가왔을 것으로 짐작된다. 그 기억을 부친 조지 새넌 맥큔은 언론 매체를 통해 알렸고 기록으로 남겼다. "윤산온 박사의 일화" — 임시정부를 후원합시다!

▎선천의 맥큔가(家) 사람들

새넌 맥큔은 부친이 감옥에서 풀려난 지 2주 뒤에 태어났다. 가족들과 지인들은 기쁜 탄생을 축하하며, 멋진 이름을 제안하기도 했다. 새넌 맥큔의 이름을 주변에서는 '윤안백' '평화백'으로 부르는 것이 어떻겠느냐고 제안하였다고 전해진다. 그러면 선친에 도착한 맥큔 가족의 이야기에 주목해 보자.

부친 조지 새넌 맥큔과 모친 헬렌 맥아피 맥큔은 1909년에 평안북도

선천에 도착했다. 선천 지역의 신성학교로 알려진, 신성학교에 대해 새
년 맥균은 '휴 오닐 소년원'으로 기록하고 있다. 부친 조지 새년 맥균이
신성학의 교장으로 임명되었고 전도활동을 시작했으며, 모친 헬렌은 어
린 나이에 혼인을 했다가 다시 혼자가 된 여성들을 주의 깊게 살펴보았
다. 헬렌은 한국에서 존중받지 못한 일반 여성에 대한 관심이 높았다. 그
리고 어린 나이에 혼자가 된 여성들을 위해 학교를 만들어야겠다고 생각
했다. 그녀의 노력은 여성의 의식변화와 교육환경을 조성하는 활동으로
이어졌고 이후에 헬렌은 평양에서 여성 교장이 되어 여성주일학교의 감
독으로 활동했다.

그녀는 또한 북부 교회의 여성 주일학교의 감독이었습니다. 몇 년 동
안, 수백 명의 여성들이 참석했고, 어머니는 토요일에 선생님들을 위
한 준비 수업을 가르쳤습니다.

맥균 가족은 한국인 선교사와 교류도 활발했다. 특히 인근 지역에 있
었던 양전백 목사와 인연이 되어 친분을 이어 갔는데, 양전백(1870-1933)
목사는 3.1운동의 민족대표 33인이다. 그는 1870년 평안도 의주 출생으
로 1933년 평안북도 선천군에서 세상을 떠나기 전까지 독립운동을 하였
다. 동시에 장로회 목사로 활동했고 105인 사건 관련해서 투옥된 인물이
다. 양전백 목사는 독립운동 공적을 인정받아 1962년 건국훈장 대통령
장을 추서받았다. 새년 맥균이 자라면서 남은 기억에 양전백 목사는 헌
신적이고 인정받은 목사였다고 하였다. 그런데 양전백 목사가 1919년

민족 대표 33인으로 기미독립선언서에
서명을 한 인물이라는 사실은 놀랍다.
그는 기독교로 개종하기 전에 유교 집안
에서 성장했기 때문에 맥퀸 가족은 그
와 교류하면서 한국의 문화와 종교, 사
회 환경을 잘 이해할 수 있었다. 새넌 맥
퀸의 기록에서 언급된 양전백 목사 관련
내용은 다음과 같다.

[그림 5-1] 조지 새넌 맥퀸

> 아버지와 어머니는 모두 북교회 양천
> 백 목사의 아주 친한 친구였습니다. 양
> 목사는 스물다섯 살에 기독교로 개종
> 하기 전 유교 고전을 교육받은 경험이
> 있습니다. 그는 성숙하고 헌신적인 기
> 독교 목사이자 학자로, 많은 사랑을 받
> 았고 현인으로 널리 인정받았습니다.

[그림 5-2] 양전백 독립운동가

부친 조지 새넌 맥퀸을 비롯한 맥퀸 가족은 양전백 목사와 친분을 쌓
고 교류하면서 한국어 습득에도 도움을 받았다. 이후에 부친과 모친이
한국어 어학연수를 통해 능숙하게 한국어를 구사할 수 있었던 배경에도
그의 영향이 있다. 당시에 새넌 맥퀸은 한국어가 너무 어려웠다고 기록
하였다. 그리고 그가 자라면서 배운 한국어는 평안북도 선천 지역의 사

투리를 먼저 접했기 때문에 사투리가 섞인 말투를 쓰게 되어 한국말을 세련되게 구사하지 못했다고 기록하였다. 반면, 부친 조지 새넌 맥큔은 구어체를 잘 구사했고 어머니도 한국어를 능숙하게 구사했다. 부모님과 함께 집안의 네 형제들은 한국어와 영어를 동시에 구사하는 환경에 놓였으니 오늘날 조기 어학교육이 자연스럽게 진행된 셈이다. 그런데 새넌 맥큔은 어려서부터 배웠던 선천 지역의 사투리가 능숙해질 무렵 서울로 이동했기 때문에 서울에서 한국어를 구사했을 때 사투리로 인해 부끄러웠다고 하였다.

> 송천에 오기 전에 어학연수를 받은 아버지와 어머니는 한국어를 능숙하게 구사하셨습니다. 아버지는 특히 구어체 한국어를 사용하고, 말할 때마다 항상 새로운 반전으로 생생한 이야기를 한국어로 말하는 능력으로 주목받았습니다. 네 명의 아이들은 모두 영어와 한국어를 2개 국어로 했습니다. 누나는 국문과 1000자 고전을 공부했지만 저는 너무 어려웠습니다. 저는 아직도 송촌 사투리로 한국말을 하는데, 최근 몇 년 동안 세련된 서울에서는 이것이 다소 부끄럽다는 것을 알았습니다.

새넌 맥큔의 생애에 가장 큰 영향을 준 인물은 아마도 부친 조지 새넌 맥큔일 것이다. 새넌 맥큔이 성장하면서 바라본 부친은 다소 일본에 비판적이었던 것으로 기억하고 있다. 105인 사건으로 부당하게 기소된 학생들과 교사들의 권리를 강력하게 옹호했던 부친이었기에 부친은 일본어 공부도 열심히 하였다. 일본을 알기 위해 일본어를 공부했지만 그는 한국에 있을 때는 일본어로 대화하지 않는 습관을 중요하게 여겼다. 그는 일본어를 배우기 위해 일본을 방문하고 일본인들과 교류는 했지만 그들이 한국인의 권리를 무시하는 현실에 대해서는 다소 비판적이었던 것으로 기억하고 있다.

1918년 여름, 조지 새넌 맥큔의 모친이 투병을 하고 있다는 소식이 전해졌다. 부친이 모친(새넌 맥큔의 할머니)을 미국의 피츠버그 요양원으로 옮기고 치료를 받도록 했지만 1년 후에 세상을 떠나고 말았다. 이때 조지 새넌 맥큔은 미국에 머물렀다. 그런데 조지 새넌 맥큔은 머무는 동안에도 여러 교회에서 한국의 실상에 대해 강연을 했고 기금 마련에 나섰다. 그리고 뉴욕 장로회 해외공관사무소를 방문하여 한국의 상황을 자세히 전달하기도 했다. 가을이 되었을 때, 부친 조지 새넌 맥큔은 제1차 세계대전 전후의 계획에 대한 소식을 접했고 동시에 윌슨 대통령의 14개 항에 달하는 민족자결주의 소식을 들을 수 있었다. 윌슨 대통령이 강조한 '정치적 독립'과 '자기 결정권' 내용은 부친 조지 새넌 맥큔에게 큰 관심사였다. 그는 이 내용이 한국에도 적용되기를 바랐다. 미국에서 급변하는 세계정세 변화에 대한 소식을 접한 조지 새넌 맥큔은 그해 겨울에 한국으로 돌아왔다.

3. 새넌 맥큔의 기억, 만세(MANSEI)

▌고종 황제의 서거

부친 조지 새넌 맥큔이 한국으로 돌아온 직후, 한국에는 큰 사건이 일

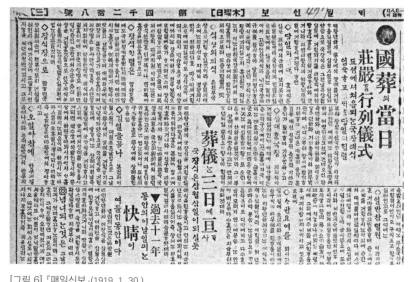

[그림 6] 『매일신보』(1919. 1. 30.)

어났다. 대한제국 초대황제 고종 황제(1864-1919)의 부고 소식이다. 개화의 물결이 일면서 개방과 쇄국의 기로에 있던 시대를 살았던 고종황제는 1897년 국호를 대한제국(大韓帝國), 연호를 광무(光武)로 바꾸고 황제 즉위식을 거행하여 자주독립 국가임을 공식 선포했다. 하지만 러일전쟁이 일어나면서 대한제국의 상황은 급변하게 된다. 일본이 러시아 군대를 상대로 승리하면서 대한제국을 강제로 동맹국으로 끌어들였다. 1905년 을사늑약, 1907년 정미 7조약과 군대해산, 1910년 8월 29일 경술국치일을 기점으로 대한제국의 사법권과 행정, 외교 등 모든 권한이 일본으로 넘어가고 말았다. 그때 고종황제는 국권회복을 위한 노력과 해외 망명 추진 등 갖은 노력을 했음에도 불구하고 갑자기 세상을 떠나고 말았다.

1919년 1월 고종 황제의 갑작스런 의문의 죽음으로 나라 전체가 슬픔

에 잠겼다. 1919년 1월 30일 자 『매일신보』 기사 내용을 살펴보면, 대한
제국 황제의 소식을 전하며, 국장은 전통적인 왕실 장례식으로 진행될
예정이며 3월 3일에 거행된다는 내용이 실렸다. 일제의 탄압을 꿋꿋하
게 버텨 냈던 대한제국 황제의 부고 소식에 나라 전체는 암울했던 분위
기가 드리웠다. 당시의 분위기를 새넌 맥큔은 다음과 같이 기록하였다.

> 모든 학교는 휴교하기로 되어 있었고, 정부가 인정하는 학교의 교장으
> 로서 아버지는 장례식에 초대받았거나 참석을 재촉했을지도 모릅니
> 다. 어쨌든 그는 3월 1일에 평양에 갔고 3월 3일에 서울에 있었습니다.

부친의 3월 1일 평양방문과 3월 3일 서울 방문은 새로운 사회변동에
그가 있었다는 것을 확인시켜 준다. 국내에서는 갑작스런 고종 황제의
죽음에 대하여 독살당했다는 소문이 돌기 시작했다. 동시에 고종 황제의
장례식을 앞두고 침울한 심정으로 만세운동은 준비되고 있었다. 부친 조
지 새넌 맥큔도 3월 3일 고종황제의 장례식에 참석하기 위해 평양을 거
쳐 서울로 향했다. 1919년 3월 1일 아침, 새넌 맥큔은 '오늘 오후에 큰일
이 있을 것'이라는 소식을 전해 들었다. 부산해진 한국의 분위기와 걱정
하는 목소리는 긴장된 분위기를 느끼게 했다. 모친 헬렌은 아이들의 안
전을 단단히 챙기기 시작했다. 아이들에게 오늘은 모두 집에 머물러야
한다고 단호하게 말하는 모친 헬렌의 목소리는 여느 때와 달랐다. 누나
와 형들은 무슨 소식을 들었는지 어머니와 함께 동생들을 챙겼다.

3월 1일 아침, 아니 그 전날, 누나와 형은 한국 학생들로부터 3월 1일 오후에 '큰일'이 있을 것이라는 것을 알고 있다는 말을 들었습니다. 그들은 어머니에게 다가올 일을 말하지 말라고 아주 분명하게 말했습니다. 3월 1일, 누나와 형은 시내에 가자고 졸랐지만, 이상한 일이 생길지도 모른다는 암시를 받았을지도 모르는 엄마는 우리 집에 머물러야 한다고 말했습니다.

모친 헬렌이 집 주변에 머물러야 한다고 신신당부를 하는 소리를 듣고 아이들은 집 뒤편의 언덕에 있는 팔각형 모양의 여름 정자로 향했다. 다행히 그곳에서는 마을 밖을 내다볼 수 있었다. 아이들 모두가 정자를 향하려고 하자 모친은 어린 아이들을 만류했다. 누나와 형에게 조심히 올라가서 살펴보고 오라고 허락했다. 나에게 긴 줄로 메시지를 보내라고 했기 때문에 점심을 먹은 뒤에 나는 모친의 걱정스런 눈빛을 뒤로 하고 정자로 올라갔다. 그렇게 모두가 조심스럽게 움직였다.

저희 아이들은 저희가 찾을 수 있는 모든 끈을 모아서, 그것을 아주 긴 조각으로 묶고, 정자에서 위층 침실 창문으로 통하는 통신 수단을 위해 도르래에 고정시켜 놓고, 허둥지둥 집안을 돌아다녔습니다.

▋새년 맥큔이 기억하는 3월 1일

제1차 세계대전 중에 발표한 윌슨의 민족자결주의는 1918년 11월 미국 특사 크레인(C. R. Crane)의 상해외교단과 범태평양회가 공동주최한 환영회에서 알려졌다. '파리강화회의가 각국의 중대한 사명이 있고 피압박민족에 대한 해방을 강조한 것이기 때문에 약소민족에게는 절호의 기회다'라는 내용을 담고 있었다. 이어 일본에서 한국유학생이 주도한 2.8 독립선언이 전개되었다는 소식이 국내에 전해지면서 1919년 만세시위는 긴박하게 준비되고 있었다.

맥퀸 가족은 3월 1일의 변화를 그 이전부터 느끼고 있었다. 그리고 그날, 모두가 긴장하며 하루를 맞이했다. 그날은 만세시위에 참석하기 위한 무리들이 시내 중심부를 향해 모여들고 있었다. 새넌 맥퀸도 당일 아침에 교회에 머물러 있던 사람들이 교회 정문을 무리지어 빠져나가는 것을 보았다. 맥퀸 형제들은 준비한 끈으로 메시지를 교환하자고 했지만 어떻게 된 일인지 어떤 메시지도 도착하지 않았다. 왜냐하면 끈이 끊어져 있었기 때문이다. 새넌 맥퀸은 긴박했던 3월 1일, 그날에 끈이 끊어져 있었던 기억이 강력히 남아 있다고 기록하였다.

3월 1일 끈이 끊어진 날에 대한 저의 가장 강력한 기억으로 남아 있습니다! 제 동생은 나중에 메시지를 아래로 외치려고 시도했지만, 헛된 노력이었습니다. 이때쯤이면 마을 중심부의 군중들로부터 엄청난 함성이 들려왔기 때문입니다.

새넌 맥퀸은 형과 동생을 살펴보았다. 높은 위치에 있었던 정자에서 내려오자마자 시내 중심부로 모여드는 군중의 모습이 한눈에 들어왔다. 그들을 한눈에 알 수 있었다. 왜냐하면 그들은 모두 흰옷이나 상복을 입

고 있었기 때문이다. 그리고 그들의 손에는 종이부터 비단까지 다양한
크기와 재질의 태극기가 들려 있었다.

> 모두 흰옷이나 상복을 입고 있었습니다. 학생들은 남자 학교 기숙사에
> 서 왔습니다. 군중은 늙은 치안관 앞뜰과 시장에 계속 모여들었습니
> 다. 그들은 종이에서 비단에 이르기까지 나양한 크기와 재질의 태극기
> 를 가지고 있었습니다.

당시에 새넌 맥큔의 기억에 가장 남아 있는 것은 사람들의 움직임이었
다. 여동생은 누군가가 어떤 문서를 들고 읽고 있다고 했다. 놀라운 것은
누군가의 낭독이 끝난 후, 모여 있는 사람들로부터 들려온 우레와 같은
함성 소리였다. 그들은 모두가 함께 크게 소리쳤다. '대한독립만세' '조선
독립만세' '만세'등 다양하게 쏟아진 만세 소리는 어린 새넌 맥큔의 뇌리
에 꽂혔다. 그는 그날 함성의 기억을 다음과 같이 기록하였다.

> 대한독립만세 또는 조선독립만세. 군중들은 종종 이것을 "만세!"로 줄
> 였습니다. 만세! 만세! 대한 또는 조선이라는 단어는 한국의 이름이었
> 고, 독립은 독립을 의미했고, 만세는 일본의 반자이처럼 만년을 의미
> 했습니다.

그날의 외침은 끊임없이 쏟아져 나왔다. 지금도 기억한다. "대한민국
에 만년 독립이 만년 만년 만년 만년 만년 만년 만년 만세"였다. 그날 누

나는 만세 소리를 외치던 사람들의 모습과 대조적으로 기억되는 것이 있었다고 전했다. 만세 함성이 가득한 날, 햇빛에 반사되어 반짝인 일본 경찰의 총검을 기억한다고 하였다. 만세 소리에 경찰서에서는 일본 경찰이 쏟아져 나오기 시작했다. 그들은 대열을 지어 빠른 걸음으로 나아갔는데 마치 군중을 향해 돌격하는 모습과도 같았다. 이어 쏟아진 또 다른 함성은 메아리가 되어 점차 멀어졌고 내 귓전에 맴돌았다. 그리곤 만세에 참여한 사람들은 사방으로 흩어지고 도로와 골목길로 쏟아져 나와 도망치기 시작했다.

그리고 시작된 총검을 든 일본 경찰의 집 수색. 일본 경찰들은 대열을 지어 집집마다 수색에 나섰다. 누나는 만세시위에 있었던 많은 사람들이 어디로 사라졌는가를 알고 있었다. 새넌 맥큔 가족과 함께 자주 만났던 교회의 김석창 목사의 집으로 들어가는 것을 보았기 때문이다. 그리고 맥큔 가족에게 깊은 충격으로 남은 모습이 있다. 바로 무력시위와 총검이었다. 일본의 공식 보도에는 학생 주도로 220명의 참가자가 있었다고 했지만 누나의 생각은 달랐다. 220명 이상의 사람들이 참여했다는 것이다. 그날 새넌 맥큔은 자신도 모르게 한국인들과 함께 만세를 외쳤다. 한국인들의 만세 소리와 함께 '만세이!'라고 외쳤다. 그러자 함께 있었던 한국여성은 새넌 맥큔에게 조용히 하라고 했다.

무책임한 여섯 살 아이였던 저는 어머니에게 그 행동을 보기 위해 언덕에 올라가자고 다짐했지만, 어머니는 끈이 끊어진 후에도 저를 허락하지 않으셨습니다. 모든 고함소리를 듣고 저는 소리치기 시작했어요,

만세이! 하지만, 어머니와 어머니가 저희 집을 운영하는 것을 도와준 한국여성 가세이는 나에게 조용히 하라고 말했어요.

지난 시간을 돌아보았을 때, 새넌 맥큔은 1919년 3월 1일 자신이 한 행동을 자랑스럽게 생각한다고 하였다. 비록 어린 나이였지만 만세를 외친 사람들의 모습과 그날의 기억에서 그의 행동은 옳았다고 생각했기 때문이다. 물론 그가 외친 만세 소리를 들은 이는 가족뿐이었다. 하지만 그는 그날 한국인과 함께 만세를 외쳤다는 사실만으로도 자랑스럽게 생각한다고 자신의 기록에서 남기고 있다.

만세시위가 확산되자 수색에 나섰던 일본 헌병대는 맥큔 선교사의 집까지 찾아왔다. 그때 맥큔의 모친은 현관에 서 있었다. 일본 장교는 서투른 한국말로 부하들에게 집을 수색하라고 지시했다. 모친은 잠시 뒤로 물러서며 그들에게 들어가는 것을 허락했다. 맥큔 집에는 사실 비밀 공간이 있었다. 침실 주변 처마 밑에는 수납공간이 하나 있었다. 그 수납공간은 다락방으로 통하는 계단과 연결되어 있었지만 쉽게 알지 못했다. 모친은 어린 아이들에게 밖에서 놀고 있으라고 말했다. 맥큔 가족은 1911년 가택수색과 감시를 이미 겪은 기억을 함께 하고 있었다. 그때처럼 집중적인 가택수색은 아니었지만 일본 경찰의 움직임은 철저했다. 그들은 정원에 묻어 놓은 죽은 카나리아를 파헤치며 누군가 총을 발견했다고 말했다. 카나리아를 묻은 상자 아래에는 자두를 담아 놓았다. 총이 아니란 것을 확인한 일본 경찰들은 서투른 한국어를 구사하며 다시 수색했다. 하지만 아무것도 발견되지 않자, 얼마 지나지 않아서 집을 떠났다.

그때 맥큔은 함께 있던 한국여성이 했던 말이 기억이 났다. 어제 아이들에게 다락방의 창고에 절대로 들어가지 말라고 말해 두었던 말이 떠올랐다. 일본 경찰은 다행히 그곳을 수색하지 않았고 비밀공간도 발견하지 못했다. 일본 경찰이 다녀간 지 사흘이 지나자 다시 다락방을 사용해도 된다고 허락을 받았다. 아마도 그 다락방에는 몇 명의 학생들이 숨어 있었던 것 같다. 그렇게 1919년 3월 1일, 6살짜리 아이의 놀라운 기억과 소란스러운 하루는 마무리되었다. 맥큔 집안에서 겪었던 3.1 만세운동 기억은 단면에 그쳤지만 그들의 사야에서 벗어난 전국에는 끊임없는 만세시위가 이어졌고 그 사건들은 현재 기록들로 남아 있다. 새넌 맥큔은 이렇게 말한다. 1919년 3월 1일의 기억을 떠올렸을 때 일본의 통계나 기록들은 완전하지 않은 수치였다고.

4. 새넌 맥큔의 3.1운동, 만세(MANSEI)

▍섬광 같았던 3.1운동, 새넌 맥큔의 생각

1969년 컬럼비아대학교에서 프랭크 볼드윈 박사는 논문을 통해서 한국의 3.1운동을 무질서와 분열의 비극적인 세기에 협력과 단결이 섬광처럼 빛났던 역사였다고 하였다. 그는 끊임없이 국권을 회복하기 위해 고군분투했던 한국인들을 지지한다고 하였다. 부친 조지 새넌 맥큔과 모친 헬렌, 그리고 가족 모두가 경험한 한국의 3.1운동과 독립운동. 그들은 일제강점기 한국에서 생활하면서 일제의 탄압과 고문, 그 실상을 목격했

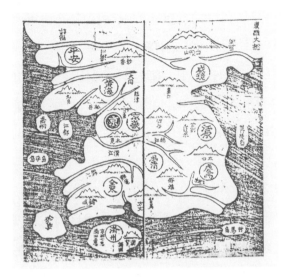

고 스스로 독립을 위해 헌신하는 대열에 들어섰던 가족이었다.

　그날의 위기를 모면한 비밀 공간 때문이었을까. 새년 맥큔은 가족들과 미국으로 돌아간 뒤 역사지리에 관심을 가졌고 지리학을 전공한 학자가 되었다. 그는 한국의 지리에 많은 관심을 가지고 연구를 수행했다.

　지금부터는 새년 맥큔이 생전에 학술 발표에서 한국의 만세운동과 독립, 역사에 관한 내용으로 발표한 기록을 토대로 '새년 맥큔의 만세' 기억과 마주하려고 한다.

　한국에서 일어난 만세운동은 서울에서만 일어나거나 하루만 일어난 일시적인 현상이 아니었다. 1919년 3월 1일 이후 7주간에 걸쳐 한국의 전역에서 전국적으로 전개됨으로써 놀라움 그 자체였다. 일본인들은 더욱 난처해지는 것을 막기 위해 신속하고 과감한 조치를 취했다. 하지만 만세운동은 더욱 확산되어 놀라움을 주었다. 일본은 한국을 지배하면서 평화로운 식민지라는 인식을 시켜 주고 싶었지만 한국인 모두가 전 세계에 표현한 만세운동을 인해 그 이미지가 퇴색되고 말았다. 일본은 만세시위를 큰 소동으로 보고 이를 진압하기 위해 일본 군대를 투입시켰고 수천 명의 한국인을 체포함으로써 확산을 막으려고 했다. 그로 인해 한국의 많은 사람들은 체포되었고 사망했다.

새넌 맥큔은 조지 새넌 맥큔의 둘째 아들이다. 그는 지리학자로서 한국의 만세운동을 지리적 측면에서 살펴보고 싶다는 생각으로 관련 연구를 했다. 전국적으로 전개된 만세시위를 지리적으로 분석하는 것은 정치지리학에서 갈등의 위치적 측면에 대한 연구는 많지만 그와는 다른 부분이다. 시위 지리학, 한국의 만세시위를 시위 지리학적 관점에서 접근한 문헌은 많지 않다. 1919년 한국은 아시아 대륙에서 첫 번째 주요 거점지역이고 그것은 일본의 시각에서도 전략적으로 중요한 위치에 있는 곳이었다. 특히 일본에 있어서 한국은 일본에서 아시아로 이어지는 육로 역할을 하는 곳으로 보았기 때문이다. 일제 식민지배하에서 일본의 경제활동은 다양했다. 한국의 숲을 개발하고, 금과 무연탄, 철광석, 텅스텐, 납, 아연과 같은 금속 광물 자원을 개발하기 시작했다. 또한 한국을 경제적으로도 중요한 곳으로 보았는데, 당시 일본에서 성장하는 도시에 쌀을 공급해 주는 공급원의 역할도 했다. 그로 인해 한국의 많은 항구를 개발했고 러일전쟁 과정에서 빠르게 철도 시스템을 확장해 나갔다. 한국의 내륙 철도는 부산에서 대구, 대전, 서울, 평양을 거쳐 신의주를 거쳐 북서쪽 만주로 이어지는 길이었고 많은 항구와 연결되어 있었다.

1919년 한국의 인구는 약 1,700만 명이었다. 1919년 한국에 대략 8백만 명의 사람들이 한국의 5개 남부 지방에 살았고 그 절반인 4백만 명보다 조금 더 많은 인구가 4개 북부 지방에 분포했다. 1919년 한국 사람들은 대부분 농업에 종사하고 있었다. 일부 사람들이 서리와 어업에 종사했지만 본질적으로 1차 경제 체제를 가지고 있다. 한국의 총 인구 1,697,000명 중, 약 1,416,000명이 주요 직업에 종사했고 한국인의 대부분은 작은 마을에 거주하고 있었다.

1910년 일본은 한국의 정치적 통제권을 장악한 뒤 토지 및 지적 측량이라는 프로그램을 시행했는데, 그 과정에서 많은 한국인들은 토지의 소유권과 권리를 잃고 말았다. 전통적으로 마을의 땔감과 덤불의 원천이었던 숲의 많은 땅은 엄격한 일본 정부의 통제하에 놓였다. 일본은 관개사업과 간척 사업을 시행하여 쌀의 생산을 증가시켰고 사업을 확장시키는 과정에서 일부는 일본기업의 소유로 넘어가고 말았다. 1919년 한국인들은 한국의 문화와 사회를 폄하하는 일본의 정책을 참다못해 분개하여 일어난 사건이 바로 만세운동이다. 1919년 만세 운동이 확산된 배경에는 한국의 지리적, 인구학적, 경제적, 사회적 환경이 일본 식민지배하에 있었기 때문에 한국인의 저항운동은 일어날 수밖에 없었다.

▍부친 조지 새넌 맥큔의 만세운동

한국의 만세운동 기원에 대한 일본의 일반적인 견해는 "선교사들이 그 문제에 기반한다"고 보았다. 한국의 서울에서 발행된 일본 신문은 다음과 같이 기사화하였다. 한국 관련 전문가로 알려져 있는 미국 하원의원은 그 말을 매우 흥미로워했다.

한국인들의 마음을 동요시키는 것은 미국 선교사들의 죄입니다. 이 봉기는 그들의 일입니다.

"선교사와 폭력배들"

이것은 1919년 한국의 만세운동에 대한 일본의 평가였지만 사실 거짓이다. 한국의 만세운동에 대한 일본의 음모는 일본 경찰의 비밀보고서에서도 확인되고 있다. 한국계 미국인 정치학자 이종식은 한국 민족주의에 관한 그의 저서에서 '일본 헌병대 본부의 보고서에서는 … 기독교가 한국인 기독교인이 맡은 역할에 중요성을 부여하고 있다'라고 하였다. 부친 조지 새넌 맥큔은 한국의 만세운동과 함께 한 외국인 선교사였다. 미국인으로서 한국의 현실과 마주하며 고민도 많았지만 결국 그는 한국의 독립을 위해 헌신하는 독립운동가가 되었다. 이제 새넌 맥큔이 바라본 부친 조지 새넌 맥큔에 대한 기록을 소개하고자 한다.

아버지 조지 새넌 맥큔은 지난 보고서를 통해서 "1918년 10월 1일, 자신의 어머니가 아프다는 핑계로 4개월 동안 미국에 갔습니다"고 하였다. 아버지 조지 새넌 맥큔과 윌슨 대통령은 한국의 미래에 대해 약간의 협상과 이해를 한 것 같았고, 순천에 있는 기독교 교회들의 장교들은 그것을 알고 있었기 때문에 그들의 바람은 커졌다고 하였다. 아버지 조지 새넌 맥큔은 한국의 많은 이들과 왕래했다. 양선백, 추현축, 홍송일 등과 자주 왕래하기 시작했는데 이들은 한국의 만세운동과 무관하지 않다. 아버지 조지 새넌 맥큔은 1919년 2월 1일 송천으로 돌아온 뒤에도 김추웅 외에도 세 사람이 집으로 찾아왔다. 이런 모든 일들이 아버지 조지 섀년 맥퀸과 한국의 독립운동가의 잦은 왕래가 영향이 있었고 만세운동에 대한 계획이 실현된 것에 영향을 미쳤다고 본다.

둘째 아들 섀년 맥퀸은 부친 조지 섀년 맥퀸이 평소에 한국의 독립운동가와 왕래가 잦았고 한국의 미래에 대해 깊은 고민을 했으며 해외에서도 한국에 대한 의견을 나누었다고 기록하였다.

아버지 조지 섀년 맥퀸은 처음에는 세 명의 한국인에게 한국 스스로가 윌슨 대통령의 원칙에 따라 독립할 수 있을 것이라는 사실에 의심하지 않는다고 하였다. 하지만 선교사들은 공개적으로 돕기는 쉽지 않았다. 한국 국민 스스로가 일본의 억압에서 견딜 수 없다는 저항의 소리를 외국에 보여 준다면 평화회담은 숙원을 이룰 수 있을 것이라는 사실이다. 그것은 조심스런 대통령의 견해도 포함된 것이다. 한국의 기독교인들을 주체적으로 독립을 쟁취하려는 강한 결의를 가지고 있었다.

부친 조지 섀년 맥퀸이 윌슨 대통령과 만났는가에 대한 정확한 사실은 확인되지 않지만 기독교를 전파한 기독교인으로서 한국의 기독교인들이 독립을 위해 노력한 일련의 활동을 공감하고 있었다.

나의 아버지 이름은 조지 섀년 맥퀸이고 나는 섀년 맥퀸으로 당시에는 6살이었다. 부친의 한국 이름은 윤산온이다. 부친은 1926년과 1927년에 쿨리지 대통령과의 만남을 가졌고 1933년에는 후버 전 대통령과의 만남을 가진 적이 있다. 부친은 한국의 독립에 대한 열망을 잘 알고 있었고 공감했지만 만세운동 과정에서는 당시 상황을 지켜보고 있었다. 한국인 소설가 이광수가 와세다대학 재학 중이었을 때다. 1918년 12월에서 1919년 1월 중순 사이에 도쿄와 오쿄하마에서 부친을 만났다고 하였다. 그때 이광수는 아버지에게 재일동포 학생들이 작성한 독립선언서의 영문 번역을 살펴보고 수정해달라고 했다. 당시 상황에 대해 아버지는 이렇게 말했다. 갑작스런 제안에 잠시 눈을 감고 생각했다. 그러곤 "이 선생님, 제가 이것을 보지 않는 것이 좋겠습니다"라고 답했다. 아버지는 번역을 수정할 수 있는 다른 사람을 소개시켜 주겠다고 했다.

부친 조지 새년 맥큔과 춘원 이광수의 일화는 2.8 독립선언 과정에서도 왕래한 기독교인 가운데 부친과 관련이 있었다는 사실은 한국의 상황을 공감하면서 외교 문제를 고민할 수밖에 없었다는 사실이다.

그런데 아버지가 송촌을 떠난 사실이 나는 궁금하다. 아버지는 3월 1일 평양에 있었고, 3월 3일에는 서울에 있었다는 사실이 흥미롭다. 그는 무슨 일이 있다는 것을 알고 송촌을 벗어나고 싶어 했을까? 우리는 추측할 수밖에 없다. 그 후 몇 년 동안 그는 만세운동에 대해 이야기하고 왕실의 장례식을 묘사하곤 했지만, 그는 결코 만세운동에 깊이 관여하는 것을 나타내지 않았다. 그는 일본 헌병들이 저지른 만행을 조사하고 보고했다. 그는 나다니엘 페퍼와 다른 기자들과 이야기를 나누었고 아마도 고베에 있는 일본 연대기 편집자들에게 자료를 제공했을 것이다. 그러나 아버지는 일본 비밀경찰의 의혹에도 불구하고 만세운동의 '설계자'는 아니었다.

그럼에도 불구하고 부친 조지 새넌 맥큔은 3월 1일 평양의 만세시위 현장에 있었고 3월 3일 서울의 만세시위 현장에 있었다는 사실이다. 더욱이 일본이 한국인에게 저지른 만행을 직접 목격했고 그 사실을 보고했다. 이를 보고 일본은 부친을 만세운동의 설계자라고 했지만 그는 사실을 알리는 의도가 정확했다.

수상한데도 아무런 연관성이 없어서인지 일본 경찰과 당국은 아버지의 삶을 계속 힘들게 했다. 그는 종종 경찰에 불려가 장시간 조사를 받거나 경찰서에 와서 그의 움직임과 설교를 설명하도록 요청받곤 했습니다. 예를 들어, 그의 예배당 강연 중 하나에서 다윗과 골리앗의 이야기를 사용한 그의 사용은 경찰로부터 비판을 받았다. 1921년 그는 일본 전군인협회 회원들로부터 많은 협박 편지를 받았고 일부는 피로 서명된 것이었다. 나의 형인 조지 맥아피 맥큔은 더 이른 병으로 심각한 심장 질환이 생겼다. 오빠의 건강에 대한 우려와 일본 관리들의 계속되는 괴롭힘 때문에 아버지는 선교사직을 사임하고 1921년 초 미국으로 돌아가게 되었다. 1928년 형의 건강이 좋아지면서 아버지와 어머니는 귀국할 수 있었고, 형은 평양에 있는 숭실전문학교인 조선기독교

[그림 8]
『동아일보』(1929. 1. 1.)

연합대학 총장이 되었다.

1929년 1월 1일 『동아일보』에는 '文化向上(문화향상) 深刻(심각)한 就職艱難
(취직간난)[崇實專門學校長(숭실전문학교장) 米國人尹山溫氏(미국인윤산온씨)]' 기사가 실
려 있다. 이 내용은 조선총독부가 조사하는 과정에서 부친 윤산온(조지
새년 맥큔)을 주목하고 있다는 것을 확인시켜 준다.

그로부터 몇 년 뒤인 1936년 아버지는 일본의 신사 문제에 대한 입장
때문에 교육자로서의 모든 공식 자격을 일제에 의해 철회된 후 다시 한
국을 떠났다. 1963년 서울에서 대한민국 국무총리로부터 아버지에게 추
서된 건국공로훈장을 받는 영광을 누렸다.

한국 정부는 한국의 독립을 위해 헌신한 조지 새년 맥큔(윤산온, 1873-
1941)에게 1963년 건국훈장 독립장을 수여했다. 고인이 된 맥큔이 1905년
부터 1936년까지 우리나라의 독립에 기여한 공로와 한국의 교육 및 종교

[그림 9-1] 조지 새넌 맥큔(윤산온)의 건국공로훈장증, 김동우 작가 제공

분야에서 헌신한 유례없는 공적에 대한 정부의 예우였다. 국가보훈부는 2020년 2월 이달의 독립운동가로 조지 새넌 맥큔을 선정하여 그의 공적을 알렸다.

1952년 7월 1일, 주한 미국대사관에서는 외무부에서 보내온 서한에 의하면, 미간국회도서관을 대표하여 '에브린 맥퀸' 여사가 오는 7월 15일에 내한한다는 소식을 전했다. 내한 목적은 한국역사의 기록촬영과 미국 국회와 한국 간의 출판물 교환에 있다고 하였다. 맥퀸 가족은 소장한 한국의 기록을 여러 기관에 기증했다.

만세운동
(MANSEI MOVEMENT)

한국의 독립운동은 한국인뿐만 아니라 한국을 사랑했던 맥퀸 가족, 그리고 새년 맥퀸의 가슴에도 남아 있다.

프랭크 윌리엄스,
인도에서 한국광복군을 만나다

프랭크 윌리엄스(Frank E. C. Williams, 우리암, 1883~1962)

1. 인도에서 만난 한국 광복군

1940년 10월 일제는 외국인 선교사의 완전철수를 명령했다. 국내 언론의 강제 폐쇄와 종교계 탄압으로 철저한 통제체제를 구축하였고 사상적 통제를 위해 국외와 교류하는 종교단체와 선교사의 강제 추방을 명령했다. 일제는 국내의 인적 물적 자원 수탈을 위해 일찍이 법령과 제도를 정비하였다. 1938년 국민정신총동원조선연맹 구축과 1939년 국민징용 실시, 1940년 국민총력운동지도위원회, 애국반 훈련, 선원징용령 시행규칙 공포에 이어 1941년 국민근로보급협력령 공포와 신사참배를 거부한 기독교 이천 명 투옥, 학도근로보국대 결성 등 태평양 전쟁에 따른 철저한 군국주의 정책은 한국인을 옥죄였다.

미국 선교사가 본국으로 송환되기 시작했다. 1940년 11월 20일 다수의 선교사들은 '마리포사호'를 타고 샌프란시스코로 향했다. 프랭크 윌리엄스(Frank E. C. Williams, 우리암, 1883-1962)도 출국 준비를 하며 미국 선교부에 협조 편지를 보냈다. 마지막으로 그는 자신의 자동차를 팔아서 충남 공주영명학교 운영비로 3,000원을 전달한 뒤 1940년 11월 24일 출국 길에 올랐다. 그런데 프랭크 윌리엄스가 출국 길에 승선한 배는 미국이 아니라 인도를 향하고 있었다. 그가 승선한 배는 '클레버랜드호'와 '해리슨 호'였다.

> 우리는 오늘 밤 일본에 있는 고베까지는 클레버랜드호를 타고 갈 것입니다. 거기서 필리핀에 가는 사람들을 위해 기다리는 증기선 해리슨 호를 탈 것이고 우리는 인디아로 갈 것입니다. 당신이 잘 아시다시피, 우리의 갑작스런 출발로 우리의 학교에 어려움이 불어 닥쳤습니다. 그러나 공주에 있는 한국인 임원들은 그들에게 놓여질 짐을 받아들이기로 약속을 했고, 그들에게 닥칠 모든 어려움에도 불구하고 모든 일을 수행해 나갈 것을 다짐했습니다….[1]
>
> ―『영명 100년사』의 우리암의 편지 내용 중

한국 이름 '우리암'으로 잘 알려져 있는 프랭크 윌리엄스는 충남 공주의 영명학교 교장이었다. 충청지역 선교 스테이션을 구축하는 과정에서 공주의 선교사로 파송된 로버트 샤프가 세상을 떠나면서 프랭크 윌리엄스 가족이 공주로 파송되었다. 로버트 샤프 선교사의 부재 이후 중흥학교가 공주영명학교로 교명이 변경되면서 부임한 첫 번째 교장이 프랭크 윌리엄스였다. 하지만 공주영명학교의 정신사적 맥락을 짚어 본다면 그 시작점은 로버트 샤프이며 공주영명학교를 발전시키고 확장시킨 이가

---

1 공주영명중고등학교(2007), 『영명 100년사』, 영명100년사 편찬위원회.

프랭크 윌리엄스라고 할 수 있다.

그가 한국을 떠나면서 미국 선교부의 지속적 지원을 당부할 수밖에 없었던 이유는 무엇이었을까. 일제강점의 현실에서 탄압을 견디고 있는 한국인에 대한 걱정과 공주 3.1만세운동의 과정에서 체포되고 투옥된 공주영명학교 졸업생 및 학생들의 외면할 수 없는 현실이 아픔으로 다가왔기 때문이다. 태평양 전쟁이 시작되면서 기독교 학교들은 공식적인 절차를 통해 한국인 또는 일본인 재단에 소유권을 이양했고 한국을 떠날 수밖에 없었다. 그들이 남게 되었을 때, 한국인에게 더 큰 고통을 줄 수 있다는 걱정이 앞섰다.

> 위원회가 그때까지는 기금을 조달해 줄 것을 촉구해 주십시오. 우리는
> 특별기금이 지속될 것을 희망하고 학교를 위해 그들에게 전해질 것을
> 바랍니다….[2]

한국의 가슴아픈 현실을 뒤로하고 프랭크 윌리엄스는 인도에 도착했다. 그는 인도 북부 뉴델리의 접경에 있는 가지아바드(Ghaziabad)에 머물렀는데, 이곳은 인도 북부의 우타르프라데시 주에 있는 행정도시로 풍부한 노동력을 바탕으로 양탄자 산업과 갠지스 평야 일원에 곡류나 콩류, 사탕수수 등 농업이 발달해 있다. 풍부한 노동력이 농업교육에 기반한다면 좋지 않을까 하는 프랭크 윌리엄스의 생각은 곧 실천으로 이어졌다.

---

2 같은 곳.

인도인에게 농업기술을 교육하고 전수하는 '인그라함학교'를 설립하였다. 가지아바드 인근에 뉴델리(New Delhi) 와 델리(Delhi)가 있는데 현재 인도의 수도권에 해당된다. 인도는 우리나라가 일제강점기였을 때 영국의 지배 아래 있었고 1947년에 영국으로부터 독립을 이룬다.

주목되는 역사의 한 자락은 프랭크 윌리엄스가 인도에서 한국광복군을 만났고 그 곳에서 한국의 독립운동에 기여했다는 사실이다. 대한민국임시정부의 한국광복군은 1940년 9월 창설된 이후 중국·미국·영국 등과 함께 연합국의 일원이 되어 전승국으로 인정받기 위해 함께 활동했다. 그 과정에서 인도와 미얀마전선에 한국광복군이 파견되었는데, 바로 한국광복군 인면전구공작대(印緬戰區工作隊)였다. 한국광복군 인면전구공작대는 1943년부터 1945년 광복 직후까지 2년간 영국군과 연합작전을 전개하였다. 2년간 활동한 뒤 1945년 9월 10일 아홉 명 전원이 중경의 광복군 총사령부로 복귀하였다. 인면전구공작대와 관련 초기 자료는 국사편찬위원회에서 수집한 중국국민당 정부 문서가 주류를 이루고 있으며 그 외에 신문자료를 통해서 활동이 확인된다.

그때 인도로 파견된 한국광복군 인면전구공작대는 현지에서 여러 문제에 봉착했는데, 그 중 하나가 언어 사용과 소통의 문제였다. 그런데 한국광복군을 도와준 이가 있었다. 먼저 인도에 도착해서 활동한 프랭크 윌리엄스, 그는 한국광복군과 역사적인 만남을 가졌다. 아니 한국광복군이 한국말을 유창하게 하는 푸른 눈의 선교사를 인도에서 만난 것이다. 당시 프랭크 윌리엄스는 뉴델리 인근에 설립하여 운영한 '인그라함학교'에서 한국광복군 대원들의 영어교육을 맡았다. 그의 노력으로 한국광복군은 영국군과 연합작전을 전개하는 데 어려움이 없었고 한국광복군 대원들의 사기도 높아졌다. 한국광복군은 인도에서 콜카타(Kolkata)와 델리(Delhi)의 특수공작전을 펼치며 대적선전방송과 포로신문 등을 통해 일본군의 사기를 저하시키고 영국군과 인도-미얀마 지역 등지에서 연합국의 승리를 이끄는 데 중요한 역할을 하였다.

한국의 공주영명학교 교장에서 한국광복군 대원을 교육하는 영어교관이 된 프랭크 윌리엄스! 한국광복군과 영국군이 원활하게 연합작전을 펼칠 수 있었던 배경에는 영어를 배워 원활한 소통을 하는 데 기여한 프랭크 윌리엄스의 조력이 있었다. 2022년 영국국립문서보관소에서 공개된 자료에서 '한국광복군 인면전구공작대'의 활동 기록이 확인되었다. 영국특수작전집행부(SOE) 산하의 인도전구선전대(IFBU)에 소속되어 활동한 한국광복군의 노력이 고스란히 확인되는 기록이다. '인면전구공작대'는 한국광복군의 소속 부대이며 제2차 세계대전 중 1943년 8월부터 1945년 7월까지 인도·미얀마 전선에서 연합국인 영국과 공동작전을 벌였고 직접 대일항전을 펼친 유일한 부대였다고 기록은 전한다. 영국국립문서보관소에 소장된 제2차 세계대전 관련 자료 중의 일부에서도 인면전구공작대의 활약상은 확인된다. 자료는 8종이며 400여 쪽 분량이다. 그 내용에도 한국광복군이 제2차 세계대전에서 연합국의 일원으로 항일

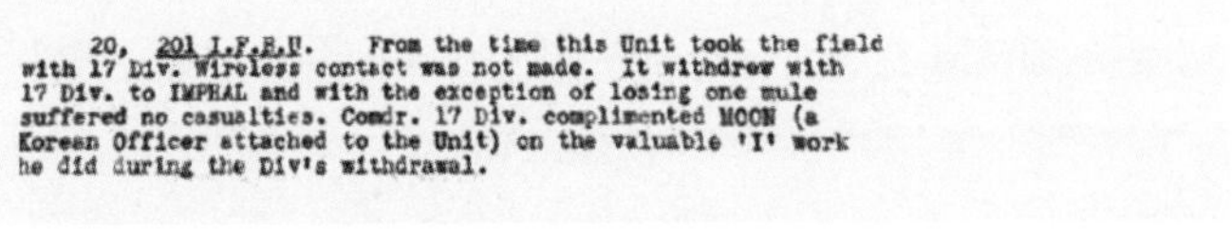

20, 201 I.F.B.U.   From the time this Unit took the field
with 17 Div. Wireless contact was not made. It withdrew with
17 Div. to IMPHAL and with the exception of losing one mule
suffered no casualties. Comdr. 17 Div. complimented MOON (a
Korean Officer attached to the Unit) on the valuable 'I' work
he did during the Div's withdrawal.

[그림 1] 인면전구공작대 기록, 영국국립문서보관소

공동투쟁 전선에서 적극 활약했다는 것을 확인하는 공식내용이 포함되어 있다.

한국광복군이 인도전구선전대(IFBU) 201부대, 204부대와 함께 비센푸르와 우크룰 지구에서 활동하도록 배치된 이유는 일본어를 구사할 수 있는 한국광복군 부대의 활약이 인도에서도 기대되어서였다고 한다. 이어 영어를 사용하는 언어소통도 원활했으므로 인도전구선전대로 배치된 뒤에 한국광복군의 인면전구공작대는 IFBU의 선전 방송프로그램의 일부로 활동했다. 이들은 부대사령관과의 협의 하에 일본에서 금지된 레코드들을 선전요원을 통해 방송했다고 기록하고 있다.

당시 한국광복군 인면전구공작대의 대장이었던 한지성은 프랭크 윌리엄스(우리암)의 기록을 지면에 남겼다. 1945년 6월 13일 자 『독립』의 '인도에서 활약한 조선용사들' 기사에는 우리암 교장의 이름이 언급되고 있다. 한지성 대장은 우리암 교장을 '조선 공주에서 35년 동안이나 있든 이' '공주에 있는 영명학교 교장 우리암(웰리암)'이라고 하였다.

전체 동지들은 우선 영문과 방송기술을 학습하기로 하고 인도 델리에서 약 17공리 되는 곳에 있는 인도학교에 가서 그 학교 교장 〈웰리암〉 씨에게서 영문을 학습하였는데, 이는 예전에 미국 선교사로 조선 공주에서 35년 동안이나 있든 이로 조선어가 매우 유창하다. 오후에는 영문을 배우고 오전에는 총사령부에 가서 방송을 연습하였다.[3]

---

3 한지성, 「인도에서 활약한 조선용사들」, 『독립』(1945년 6월 13일).

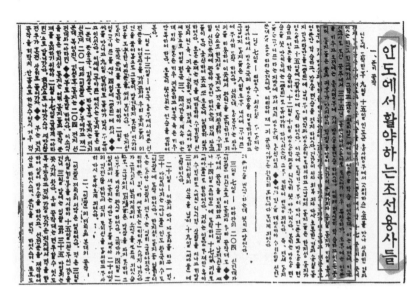

[그림 2] 인도에서 활약하는 조선용사들, 우리암 교장

'인도 인면전구 공작대' 한지성 대장은 위클의 반공전·임팔의 공작·콜카타 방송활동·델리의 공작에 이르는 활동 과정을 기록으로 남겼다. 특히 준비단계였던 인도에서의 초기 활동에서 프랭크 윌리엄스(우리암 교장)를 만나서 한국광복군의 임팔공작시기였던 1945년 4월부터 5월까지 포로를 심문하고 번역도 진행했다는 사실을 6월 4일·4월 22일·5월 6일 등 일련의 기록에서 우리암(프랭크 윌리엄스) 교장의 존재로 확인시켜 주고 있다.

한국광복군 '인도 인면전구 공작대'의 영문학습은 일제로부터 강제로 추방된 공주 선교사 〈윌리엄〉이 담당했으며, 윌리엄은 인도에서 농업학교를 설립하여 인도인에게 농업기술을 전수함과 동시에 인도로 파견된 한국광복군 전지공작대의 현지활동의 적응을 돕는 〈영문 학습〉을 담당하였다.

프랭크 윌리엄스의 독립운동이 국내에서 인도의 한국광복군 지원활동으로 이어진 것은 참으로 놀랍다. 이 기록들은 프랭크 윌리엄스의 독립운동 공적을 인정받기 위해 진행된 명예회복 프로젝트 과정에서 확인되었다. 인도에서의 그의 활동으로 확인되는 자료는 1) 인면전구공작대 국한문 및 영문자료 2) 대한민국임시정부자료집의 한국광복군 자료에서 인면전구공작대: 국한문 및 영문자료 ― 인도에서 활약하는 조선용사들 3) 『독립』 제3권 제75호, 1945년 6월 13일 자의 「인도 공작대에 관하야(한지성)」 「인도에서 활약하는 조선용사들」에서 확인되었다. 그 외에도 3.1 운동과 국내 독립운동, 공주지역 독립운동의 지원활동, 많은 독립운동가가 배출된 공주영명학교 설립, 신문자료, 인터뷰 자료 등을 통해 한국에 대한 사랑과 한국의 독립운동에 대한 응원과 조력활동이 확인된다.

인도(印度)의 한국광복군 인면전구공작대의 영어교육을 담당했던 프랭크 윌리엄스의 활동에 대해여 막내아들은 다음과 같이 증언하였다. 그는 인도에서 '한국의 젊은 지하독립운동가들이 아버지 윌리엄스를 방문하여 방안에서 민주정부 수립에 관한 비밀대화를 하는 내용을 엿들었다'라고 증언하였다.[4]

---

4 이 기록은 우리암 교장의 3남 Robert L. Williams(1929.2.6.-2017.11.)가 사망하기 3년 전인

█ List of data submitted by the Ministry of Patriots and Veterans Affairs related to the independence movement

- Independence Movement Material (1) -
(Support for Korean Liberation Army Activities
: KOREAN NATIONAL ARMY LIAISON UNIT)

- Independence Movement Material (2) -
(Preparation for the Independence Movement
of March 1st and the basis for activities)

- Independence Movement Material (3) -
(Japanese police's missionary monitor, accident report)

- Independence Movement Material (4) -
(School establishment, Popular Education, educational activities, etc.)

- Independence Movement Material (5) -
(Other interviews after liberation)

Submission data totals 98 pages

[그림 3] 연구조사 프로젝트팀에서 제출한 프랭크 윌리엄스의 공적서류

나는 한국의 지하 반군 운동이 있었다는 것과 나의 아버지가 그것에 대해 조금이라도 알고 있었다는 암시를 받은 적이 없습니다. 비록 힌두어가 내 한국어를 대체하기 시작했지만, 나는 계단통을 통해 증폭된 다른 방에서 아버지와 젊은 한국인 방문자 사이의 늦은 밤 대화를 도청하기에 충분하였습니다. 놀랍게도 그들은 한국이 마침내 해방된 후 민주 정부를 수립하는 방법에 대해 이야기하고 있었습니다. 당시 예상은 일본과의 장기전이었는데, 왜냐하면 원자폭탄 개발이 아직 비밀리에 진행 중이었기 때문입니다. 나의 아버지와 젊은 한국인이 논의한 것도 한국의 지하 운동이 한국인으로 하여금 일본을 방어하도록 하는 강요를 못 하도록 하는 어떤 역할에 대한 것이었습니다. 지금까지 나는 아버지나 다른 누구에게도 그들의 대화를 엿들었다고 말한 적이 없지만, 그때 나는 아버지가 한국의 지하운동에 참여하지 않았거나 잘 알지 못했다면 젊은 한국인이 아버지를 만나기 위해 '뒤로' 인도로 가지 않았을 것이라는 것을 깨달았다.

알고 보니 원폭투하로 갑작스럽게 종전이 됨에 따라 한국의 지하운동은 의도대로 이뤄지지 않았다. 내가 인도 히말라야에 있는 우드스탁 기숙학교를 졸업하기 6개월 전, 우리 군대가 인천에 처음 상륙했을 때 너의 할아버지 Zur가 한국을 잘 알기 때문에 해군에서 일시적으로 미 육군에 파견되었으며 우리 가족은 한국으로 다시 부름을 받았다. Zur 가 가장 먼저 한 일은 아버지를 보내 줄 것을 제안한 것이다. 아버지와

2014.3.12.에 조카 Emily Silverman(윌리엄스 선교사의 장증손녀) 에게 보낸 이메일 내용이다.

엄마가 히말라야 산맥을 넘어 중국을 거쳐 한국으로 날아갔고 나는 인도에 머물렀다. 아버지는 미군에 의해 준위장교로 임명되었고 실제로 우리 군대가 한국에 민주주의 정부를 수립하는 데 큰 도움을 주었다. 그가 상당수 지식계층 한국인을 많이 알고 있었고 그들 중 일부는 초창기 그의 학교에서 교육을 받았다는 점에서 아버지의 지식은 매우 귀중하였다.

인도의 한국광복군 인면전구공작대의 영어교육을 담당했던 프랭크 윌리엄스는 일제강점기에서 한국 광복 이후에도 한국에 헌신하였다. 부친에 대해 막내아들은 "아버지는 미군에 의해 준위 장교로 임명되었고 실제로 우리 군대가 한국에 민주주의 정부를 수립하는 데 큰 도움을 주었다"라고 하였다. 먼 나라 인도에서도 프랭크 윌리엄스는 한국광복군 활동을 도왔고 '공주영명학교'의 교장으로 불리었다.

2. 공주영명학교의 교장, 프랭크 윌리엄스

프랭크 윌리엄스(Frank E. C. Williams, 우리암, 1883-1962)는 미국 콜로라도주 덴버에서 태어났다. 덴버대학교에서 수학하며 자원봉사단과 해외선교지원 학생활동을 하는 과정에서 가까워진 우애리시(Alice L. Williams)와는 1906년 7월에 혼인했다. 그리고 미국을 떠나 해외선교활동을 지원하여 1906년 10월 한국에 입국했다. 갓 결혼한 신혼부부로 한국에 입국한 것이다. 그런데 입국한 지 2주 만에 충남 공주로 향했다.

프랭크 윌리엄스는 갓 입국하여 왜 충남 공주를 향했을까. 다름 아닌 충남 공주 선교활동을 했던 로버트 샤프가 세상을 떠나면서 선교활동이 멈추었기 때문에 빠른 지원이 필요했다. 프랭크 윌리엄스 부부는 공주에 도착한 뒤 거주할 집부터 갖추기 시작했다. 신혼부부로 공주가 첫 부임지였기 때문에 거주할 집을 위해 직접 벽돌을 구웠고 통나무와 목재를 다듬었다. 서원보 선교사와 크리쳇 선교사의 도움을 받아 벽돌 약 85,000개를 구워 벽돌집을 완성했다. 그 내용은 1907년 보고서에 담겨 있다.

프랭크 윌리엄스의 「History of KongJu Mission School(공주 미션스쿨의 역사)」 보고서는 초기 학교가 초가 토담집에서 22평의 블록 건물로 지어져 있었고 학생들은 꽉 찼다고 했다.

> 1906년 담임교사와 15명의 학생으로 학교를 재설립했을 당시는 조선식 초가 토담집이었는데 3년동안 학생 수가 50명으로 늘어나면서 1909년 20피트×4피트(약 22평) 규모의 블록 건물을 지어 최초로 고등 5학년제로 85명의 학생으로 꽉 찼다.

프랭크 윌리엄스는 교명을 '영명(永明)'으로 개칭한 뒤 1909년 6월 26일 설립 허가를 받았다. 공주영명학교의 현재 주소지는 공주시 중동 318번지(공주시 영명학당 2길 33번지)이며 당시에는 공주군 남부면 하리동 소재였다. 공주영명학교는 1904년 로버트 샤프 선교사 부부가 세운 '명설학

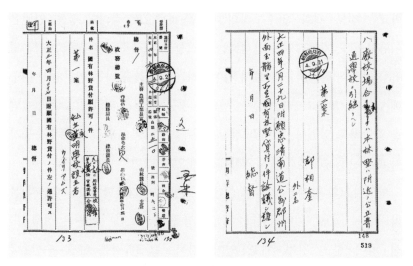

[그림 4-1, 4-2] 1911년 사립영명학교 허가, 국유임야대부원

당(明設學堂)'이 1906년 '중흥학교'로 바뀐 뒤 1909년 영명학교로 개칭되면
서 설립인가를 받았다. '영명학교(永明學校)'는 1909년 7월 26일 심상(尋常)·
고등(高等) 양과를 병치하여 학부대신으로부터 지령 학일수(學一受) 제953
호로 설립 인가를 받았다. 그 교육 터전에서 한국인의 근대의식을 불어
넣는 교육기관으로 역할을 했다.

　공주영명학교의 교명 영명(永明)은 '영생'의 가치와 세상의 빛이 되라는
성경의 의미를 담고 있다. '영(永)'은 오래되고 영원하라는 기독교의 영생
을 의미하며 '명(明)'은 밝음과 총명함, 광명의 뜻을 포함하고 있다. 1909년
10월 15일 열다섯 명의 학생과 함께 수업을 개시한 공주영명학교는 그
날을 개교기념일로 기록하고 있다. 1910년에는 영명학교 유치반(幼稚班)
을 이설하여 1912년 9월 충청지역에서 최초 유치원을 개원하였다. 영명

학교는 전도·개화·민주주의의 이념을 바탕으로 정의와 평등, 인권을 지향하였다. 기독교인을 양성하는 선교활동과 교육을 추구했고, 신문명을 전파하여 한국의 근대화에 기여하려는 의지를 올바른 인간양성 추구에 담았다. 교육의 지향방향은 정의와 평등, 인권을 위한 민주주의 이념을 함축하고 있었다. 이러한 정신은 1919년과 그 이후 많은 독립운동가가 배출된 공주영명학교의 역사에 담겨 있다.

영명학교의 학제는 미국의 학제를 표방하여 가을학기(9월 시작)와 봄학기(3월 시작)로 운영되었다. 교과과정을 살펴보면, 1학년은 성경·수신·국어·한문·창가·체조·영어 7과목이고 2학년은 성경·수신·국어·한문·영어·국사·실업·지리·대수·도화·창가·체조 12과목, 3학년은 2학년 과목의 국사 대신 만국역사가 포함되어 성경·수신·국어·한문·영어·만국역사·실업·지리·대수·도화·창가·체조 12과목으로 운영되었다. 특히 3학년 교과목에 개설된 '만국역사'가 역사의 중요성을 강조한 것이다. 하지만 일제강점기에는 일제가 강요한 교육과정의 영향을 받았다.

프랑크 윌리엄스 교장은 공주의 영명학교의 학교운영과 교육사업의 활동현황을 선교회에 보고하였다. 증가하는 학생 수와 교육환경, 교육자재 부족을 보고하고 선교회에 지원요청을 했다. 그리고 영명학교 교사진을 보강하여 의료·영어와 음악·학교사업·전도활동 등 다양한 활동을 이어 나갔다. 운영을 위한 기금과 자금모금 활동을 하여 1912년 미국 선교회로부터 기부금 417달러를 지원받았다. 기부금은 학생 장학금과 학교사업, 조사사업 등으로 운영될 수 있었다. 1912년 미국에서 받은 기부

HISTORY OF KONGJU MISSION SCHOOL

Some time in 1904 Reverend Robert Sharp organized a small
school with one teacher and a few boys in attendance. After
Mr Sharp's death during 1906 the school was closed. Oct 15th
1906 Dr Scranton ,Miss Miller and Mr and Mrs Williams came to
Kongju and reorganized the school with a student body of 15
and two teachers in charge. The grade of the school at the time
was a six year Primary. The building was a small Korean hut
with mud walls and straw roof. During the next three years the
student body grew to them 50 boys . During this time there were
three graduates. One of these I.S.Whang has since studied in
Pyeng Yang and in Japan. He has for several years past taught
in both country schools and in the Yeung Myen Higher School.

In 1909 a one story brick building 20 ft by 40 ft was
built and was filled overflowing with 85 boys of whom five
were of the first year High School grade. Since 1916 the
grades have been closed,and only the four Higher grades have been
kept in the course. Up to the present there have been a total

of 50 graduates . Many of them are teaching in the graded schools
of the Province or are studying in Higher schools. Four have
gone through Medical Schools and are practising physicians.
In 1919 the Independence movement kept us from getting a new
class in the first year. At present we have 45 students in the
first and second years and 25 students in the English night
school.

This new brick and stone building 42 by 78 ft with
room enough for 250 students will mean much to the school and
church. The 45 students and 4 teachers have subscribed 4,000
hours toward the grading of the athletic field. About 600 hours
have been worked out.

Submitted

F.E.C.Williams. Principal

[그림 5] 우리암 선교사의 공주 미션학교 보고서, 공주영명중고등학교 박물관 소장

[그림 6] 1910년 우리암과 공주영명학교 출신, 국립공주대학교 공주학아카이브

[그림 7] 개명된 공주영명보통학교(1934), 『매일신보』

금 내역을 살펴보면 다음과 같다.

플러머 부인 10달러, 바돈 부부 80달러, 우리암 25달러, 고오돈 40달
러, 바바라 30달러, 캠플타운 10달러, 레이놀드 10달러, 클래스 50달
러, 파브리지 45달러, 메이슨미치교회 25달러, 메디나 오하이오 25달
러, 크라이틀러 37달러, 옴스텐부인 30달러   총 417달러

프랭크 윌리엄스는 학교 장학금과 학교사업 등 학교 운영을 위해 활동
한 결과를 1916년 11월 24일 자 보고서를 통해 미국 선교회에 다음의 내
용으로 보고했다.

보통과는 45명, 고등과는 27명의 학생이 있다. 4개 학년으로 구성되어
있는데, 고등보통학교는 미국고등학교의 2-3학년에 해당된다. 아이
들을 위한 보통 예비반도 운영된다. 우리 5명의 교사는 모두 잘 훈련
된 기독교인으로 1명은 대학 졸업자, 3명은 고등학교 졸업자이다. 졸
업생 6명은 서울에서 생활중인데 2명은 배재대학, 2명은 배재고등학
교, waud은 연합기독의학대학에 다닌다. 모두 뛰어난 기독교인들로
장래 한국인에게 큰 도움을 줄 것으로 기대한다.

공주영명학교의 1913년 고등학교 교과과정 가운데 역사와 지리 교과
목을 살펴보면 학년별로 차이가 있다. 1학년은 제국지리, 2학년은 세계
지리, 3학년은 국사, 4학년은 고대사 교육이 진행되었는데, 영어 교과목

과 세계지리 교과목은 학생들의 정치, 경제, 사회 등에 폭넓게 시각을 열어 관심을 갖도록 하였다. 일제강점기 모든 교과목에서 가장 중요한 과목은 '일본어'이며 매주 8시간이 배정되었다.

[표 1] 고등학교 교과과정(1913년)

교과목	1학년	2학년	3학년	4학년
성경	요한복음	창·출	예수생애	행·고전
국어 (일본어)	읽기 쓰기 말하기	읽기 쓰기 말하기	읽기 쓰기 말 문법	읽기 쓰기 말 문법
조선어 한문	읽기 쓰기 말하기	읽기 쓰기 말하기	읽기 쓰기 말 문법	읽기 쓰기 말 문법
역사 지리	제국지리	세계지리	국사	고대사
영어	선택교본	선택교본	선택교본	선택교본
수학	산수	산수	산수 대수	대수 기하
과학	기초	생리학	자연지리	동물 식물
그림	자유묘사	자유묘사	자유묘사	자유묘사
노래	창가	창가	창가	창가
산업	농업	농업	부기	농업
체육	체조 야구	체조 야구	체조 야구	체조 야구
총시간	39	39	39	41

3. 1919년 3.1운동과 공주영명학생의 저항

1910년 10월 1일을 기점으로 조선총독부가 설치되어 일제의 식민지

통치제제가 시작되었다. 일본은 한반도를 군사 점령과 식민지체제 구축을 위해 칙령 제319호 「조선총독부 설치에 관한 건」을 발표하였다.

조선에 조선총독부를 둔다. 조선총독부에 조선총독을 두고 위임 범위 안에서 육해군이 통솔하며 모든 정무를 통할하게 한다. 통감부 및 그 소속관서는 당분간 이를 존치하고 조선총독의 직무는 통감으로 하여 금 행하게 한다. 종래 한국정부에 속했던 관청은 내각 및 표훈원을 제외하고 조선총독부 소속관서로 간주하고 당분간 이를 존치한다. 전항의 관서에 재근하는 관리에 관해서는 구한국정부에 재근했을 때와 동일하게 취급한다. 단 구한국법규에 의한 친임관은 친임관 대우, 칙임관은 칙임관 대우, 주임관은 주임관 대우, 판임관은 판임관대우를 받는 것으로 하고, 또한 재관대로 빙용을 허가받은 자는 명치 37년 칙령 제195호의 적용을 받는 것으로 간주한다….

— 명치 43년 8월 29일 공포 칙령 제319호 초록

조선총독부는 교과서 편찬 개편을 통해 일본의 국가주의와 천황주의에 순응할 인간 육성에 중점을 두면서 동화교육을 전개했다. 1911년 제1차 조선교육령을 실시하여 식민교육의 틀을 갖추기 시작하고 1915년 고등학교령의 1차 개정을 실시하여 근대교육기관에 정부 주도의 교육과정 개설을 강요했다. 물론 일제의 교육과정 강요였다. 그런데 충청도 최초의 근대교육기관이었던 공주영명학교는 일제의 교육과정을 수용하지 않는 '비정규' 학교로 남게 된다.

왜 그들은 일제의 교육과정을 수용하지 않았을까. 그 해답은 1919년 3.1만세운동이 전국적으로 전개되었을 때, 근대교육을 받은 공주영명학교 교사 대부분은 공주영명학교 학생들과 함께 만세운동에 뛰어들었다는 사실에서 확인된다. 당시 충남지역의 참여 학교는 공립학교 4개교, 종교사립학교 3개교였는데, 공주지역의 대표적인 교육기관은 공주영명학교였다. 1919년 4월 2일 桑原八司(충청남도장관)에 보고된 「朝鮮總督府 內秘補 367;忠南秘 第253號(조선총독부 내 비보 367: 충남비 제253호)」에 의하면, 충청남도 공주군 만세운동의 사건일자는 4월 1일이며 공주 장날에 영명학교 교사 및 생도, 졸업생이 주모자였다고 밝히고 있다.

地方騷擾二關スル件

桑原八司(충청남도장관)

도장관보고 大正八年 騷擾事件二關スル道長官報告綴 七冊ノ內四

사건일자　1919-04-01

사건장소　忠淸南道 公州郡 公州面 충청남도 공주군 공주면

4월 1일 公州(공주) 장날에 公州 永明學校員(영명학교원) 및 생도와 졸업생이 주모자가 되어 독립선언서를 배포, 선동하는 것을 전부 체포하였다. 그중 1명은 전 사감으로서 현재 조수직에 있고 1명은 현재 公州郡 鷄龍面(공주군 계룡면)의 永明學校員(영명학교원)이고 다른 모두는 재학생 또는 졸업생이었다.

일본 경찰은 공주 장날에 체포된 주도 인물은 공주영명학교의 교사, 학생, 졸업생이라는 사실에서 추가적으로 공주영명학교의 설립자(목사 1명- 우리암)와 함께 관련한 독립활동의 정황을 주기적으로 보고했다. 1919년 4월 4일 宇佐美勝夫(조선총독부 내무부장관)에 보고된 내용은 다음과 같다.

地方騷擾ニ關スル件
宇佐美勝夫(조선총독부 내무부장관)
수신일   1919-04-04

永明學校는 힘병 이래 생도 수가 점차 줄고 있다. 그럼에도 불구하고 목사 1명이 최근 지방에서의 빈민의 가련한 자가 많으므로 이를 구제해야겠다고 성심으로 말했기 때문에 3월 이래 급히 신도가 50명으로 격증한 사실이 있다. 사건의 돌발 후에 경찰관, 헌병의 조사에 의하면 주모자 중에 조수의 말이라고 하는 것 중에서 독립운동은 장래에도 신명을 다하면서까지 실행할 결심이라고 했다.

1919년 충남 공주의 만세운동은 여러 구역으로 전개되었다. 공주 만세운동의 시작은 3월 14일 오후 4시경 공주군 유구(維鳩)시장 장날의 만세운동이다. 유구읍 만세운동은 황병주가 독립만세시위를 주도한 가운데 장날 오백여 명의 군중이 항일시위를 전개하였다. 같은 날 공주군 석

송리에서는 유림 이기한과 이병억이 주도하고 마을주민이 함께 만세 시위를 이어 갔는데, 팔백여 명이 모여 경찰주재소 벽을 무너뜨리고 주재소를 습격하는 격렬한 저항운동이 전개되었다.[5] 같은 날 4월 1일 공주 산성시장에서 전개된 만세운동은 학생과 교사가 주도했다. 김관회, 김수철 등 공주영명학교의 학생과 졸업생이 독립선언서를 배포하였다. 그 시작은 2월 28일부터 3월 8일까지 고종의 국장을 위해 경성에 머물었던 박장래가 3월 10일 공주군 대화정에 있는 김수철의 집을 방문하여 경성에서 전개되는 만세운동 소식을 전하면서부터였다. 경성에서 전개된 만세운동은 여학생과 기생까지 독립운동에 참여하고 있다고 전하며 공주도 만세운동을 전개해야 한다고 논의하기 시작했다.

3월 24일 오후 9시경 공주영명학교에서는 현석칠과 김관회, 안창호 등 9명이 회합을 가졌고 4월 1일 학생들과 지역민이 참여하는 장날에 만세운동을 전개하기로 협의했다. 김관회는 윤봉균이 국장 때 가져온 독립선언서 제작을 부탁했고 김수철은 이규남에게 태극기 제작을 의뢰했다. 3월 31일 오후 3시경 공주영명학교 기숙사에서는 독립선언서 천여 점이 등사 인쇄되었다. 공주의 만세운동 준비소식은 현언동·박루이사 등이 전했다. 드디어 4월 1일 공주 장날이 되자, 김수철과 노명우·윤봉균·김현경은 태극기 한 기씩을 휴대하고 공주시장으로 향했다. 노명우·유준석·강윤·양재순은 독립선언서 각각 100매를 가지고 공주시장으로 모였다. 4월 1일 오후 2시경 공주영명학교 학생과 교사들은 산성시장에서

---

5 이기한(1919. 11. 17.), 「판결문」 경성복심법원; 국가기록원 독립운동 판결문.

독립선언서를 배포하며 대한독립만세를 외쳤다.

그러자 공주경찰서의 일본경찰이 출동하여 현장에서 만세시위를 한 학생들은 모두 체포되었고 태극기 두 기와 독립선언서 백십 점은 압수당했다. 당일 공주 만세운동의 주모자로 지목된 18명이 체포되면서 공주 재판소의 재판에 회부되었다. 공주영명학교 학생과 교사들이 주도가 되어 만세운동이 전개되었다는 소식에 교장 프랭크 윌리엄스는 학교의 책임자로서 수감된 이들을 뒷바라지하며 학생들의 석방을 위해 노력했다.

1919년 4월 2일 桑原八司(충청남도장관)이 宇佐美勝夫(조선총독부 내무부장관)에게 보고한 '소요사건에 관한 보고' 내용에 의하면, 영명학교 관련자가 공주 시장 시위의 주모자였고 30-80여 명이 거칠게 시위를 주도했다고 보고하였다. 같은 날 「獨立運動에 관한 건」(제35보)에는 전국의 만세시위와 헌병 주재소 습격, 면사무소 습격, 군중 만세시위 등을 보고하였는데, 그 가운데 '충청남도 공주군 영명학교 생도 및 졸업생의 독립선언서 배포, 만세시위'와 '공주영명학교' 단체 만세시위, 그리고 '공주군 정안면 군중 경찰관 주재소 습격 파괴'도 보고되었다.

사건보고

京畿道長官(경기도장관) 京城(경성) 조선인 상점 開店(개점)을 命(명)하는 戒告書(계고서) 교부, 京畿道(경기도) 仁川(인천) 조선인 상점 폐점 증가, 京畿道 仁川 불온문서 배포 증가, 京畿道 漣川郡(연천군) 山串里(산곶리) 군중 만세시위 및 헌병주재소 습격, 京畿道 利川郡(이천군)

新屯面(신둔면) 水廣里(수광리) 군중 만세시위, 京畿道 開城郡(개성군) 豊德里(풍덕리) 군중 헌병주재소 습격, 京畿道 安城郡(안성군) 安城邑(안성읍) 군중 만세시위, 京畿道 安城郡 陽城面(양성면) 군중 경찰관주재소 우편소 면사무소 습격 방화, 京畿道 驪州郡(여주군) 梨浦里(이포리) 군중 만세시위, 京畿道 振威郡(진위군) 平澤里(평택리) 군중 만세시위, 忠淸北道(충청북도) 槐山郡(괴산군) 靑川面(청천면) 군중 만세시위 및 헌병주재소 습격, 忠淸北道 陰城郡(음성군) 郡內面(군내면) 寒泉市場(한천시장) 군중 만세시위

忠淸南道 公州郡 永明學校 생도 및 졸업생 독립선언서 배포 및 만세시위, 忠淸南道 公州郡 正安面(정안면) 廣亭里(광정리) 군중 경찰관주재소 습격 파괴, 忠淸南道 牙山郡(아산군) 湯井面(탕정면) 등지 만세시위, 忠淸南道 論山郡(논산군) 江景面(강경면) 조선인 상점 開店(개점) 및 일본인 상점 방화[6]

「朝鮮總督府 內秘補 367; 忠南秘第253號(조선총독부 내비보 367; 충남비 제253호)」는 桑原八司(충청남도장관)이고 발신자이며 宇佐美勝夫(조선총독부 내무부장관)이 수신자이다. '구한국기 및 선언서 110매 압수' '예수교(耶蘇教) 경영

---

6   朝鮮總督府 內秘補 367;忠南秘第253號(1919. 4. 2.).

영명학교 학생 및 졸업생이 주가 되어 금일 공주시 이용하고 독립선언서를 배포' 등의 내용이 보고되었다. 원문의 내용은 다음과 같다.

大正八年 騷擾事件ニ關スル道長官報告綴 七冊ノ內四 地方騷擾ニ關スル件

大正八年 騷擾事件ニ關スル道長官報告綴 七冊ノ內四

朝鮮總督府 內秘補 367;忠南秘第253號

地方騷擾ニ關スル件

발신자　　　桑原八司(충청남도장관)

수신자　　　宇佐美勝夫(조선총독부 내무부장관)

발신일　　　1919년 04월 02일

大正8年 4月 2日 忠淸南道長官 朝鮮總督府 內秘補 367

大正8年 4月 4日 內務部長官 殿

地方騷擾ニ關スル件

騷擾ノ狀況ニ就テハ 隨時及 通報置候通今ヤ管內ニ於テハ 保寧靑陽ノ二郡ヲ除外殆ト各郡ニ亘リ騷擾ノ程度ヲ激增スルニ至リ郵便所, 巡査駐在所, 面事務所ヲ襲擊シ或ハ商店ノ閉鎖ヲ强要シ或ハ郡守, 面長, 巡査補等ニ對シ辭職勸告ヲ爲シ暴擧至ラサルナク純然タル暴徒ノ惡質ヲ帶フルニ至レル實況ナ

1919년 4월 1일 전개된 공주 산성시장 만세운동의 과정에서 주도인물로 체포된 대상자 가운데 현석칠(玄錫七) 등 18인은 1919년 8월 19일 자로 판결을 받았다. 법원판결문에 의하면, 이들은 보안법(保安法) 및 출판법위반(出版法違反)의 죄목이 부여되었고 관련 단체는 사립영명학교(私立永明學校)를 지목하고 있다.

玄錫七(현석칠) 등 18인 판결문

문서번호	大正8년 公 제2**, 259호
인명	玄錫七, 金士賢(김사현), 吳翼杓(오익표), 金寬會(김관회), 李圭尙(이규상), 玄彦東(현언동), 安聖鎬(안성호), 安昌鎬(안창호), 金洙喆(금수철), 柳俊錫(류준석), 盧明愚(노명우), 姜沇(강연), 尹鳳均(윤봉균), 梁載淳(량재순), 李圭南(이규남), 朴婁以士(박루이사), 李活蘭(이활란), 金賢敬(김현경), 澁谷有孚(삽곡유부), 金良玉(금량옥), 李元鎔(이원용), 和田四郞(화전사랑), 岡(강)…
단체	私立永明學校(사립영명학교)
주요내용	朝鮮獨立萬歲示威運動(조선독립만세시위운동)을 煽動(선동) 獨立宣言書(독립선언서)를 謄寫(등사) 頒布(반포)
판결일자	19190829 판결처 公州地方法院(공주지방법원)

1919년 3월 20일 조선총독부 내무부 장관에 보고한 충청남도 장관의 「소요사건에 관한 장관 보고철」에서 당시의 급박했던 시위상황을 가늠할 수 있다.

極秘

一、京城 (四月二日午前十時迄ノ情況) (第三十五報)

開店命令 (既報第十報) 府内鮮人商店ノ閉店
ハ三月九日以来漸次瀰漫シ遂ニ全府内ヲ通
シテ殆ント開店セサルモノナキニ至リ経済
上ノ影響ハ勿論民心ニ不安ノ念ヲ與ヘ延ヒ
テ種々ノ流言蜚語行ハレ公安ヲ害スルコト
甚シクタ為ニ九日以来犯人ハ検挙并ニ開店方
ニ関シ種々ノ手段ヲ講シタルモ商民等ハ脅
迫ヲ受クルニ藉口シ表面ニ於テハ検挙者ノ

474

群衆運動ヲ開始シ青川憲兵駐在所ヲ襲撃セ
レヲ以テ歩兵十名直ニ赴援セリ
陰城郡寒泉 一日郡内面寒泉市場 約二
百名ノ群衆運動ヲ開始セシニヨリ警察官六
名急行シ鎮壓中ナリ

(三)、忠清南道

公州 一日耶蘇救世営永明學校生徒及卒
業生等主トナリ仝日ノ公州市日ヲ利用シ独
立宣言書ヲ配布シ煽動セシヲ以テ全部逮捕

480

シ旧韓國旗二及宣言書百十枚ヲ押收セリ
公州郡廣亭 一日正安面ノ暴民約三百名
ハ廣亭警察官駐在所ニ押寄セ駐在巡査ノ出
張不在中ヲ奇貨トシ同駐在所ヲ破壊セリト
ノ報ニ接シ直ニ歩兵五名憲兵二名及警察官
一名赴援セリ
牙山郡 三月三十一日仝郡塩岐、挑芳及湯
井ノ各面民ハ附近ノ山上五十餘ケ処ニ於テ
篝火ヲ焚キ独立万歳ヲ高唱シ運動ヲ開始セ

481

ヲコトナク各自其ノ業ニ安シスヘキコトヲ諭
示セシメタルモ今尚閉店シテ業ヲ廃スル者有
ルハ善良ナル商民ノ行動ト謂フ可カラス此ノ
如キハ自他ノ損失ヲ招クノミナラス延テ公安
ヲ害スルニ至ルヘキヲ以テ速カニ開店ス可キ
コトヲ命ス若シ頑冥ニシテ此ノ戒告ニ従ハサ
ル者有レハ秋毫モ仮借スルコトナク厳重ニ処
分スヘシ

右戒告ス

496

[그림 8-1, 8-2, 8-3, 8-4] 독립운동에 관한 건(제35보)

교장 프랭크 윌리엄스를 비롯한 공주영명학교 교사, 학생들은 모두 일제의 감시대상이 되었다. 더욱이 1919년 3월 3일 조선총독부의 보고내용에는 공주영명학교의 학생과 교사, 프랭크 윌리엄스 선교사를 비롯한 관련 대상들은 모두 감시를 하고 있고 하였다. 동년 4월 2일의 보고 내용에도 영명학교와 목사, 사감, 학생, 졸업생에 대한 내용이 주요하다.

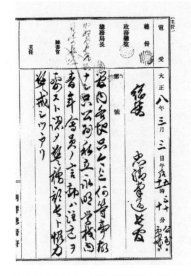

[그림 9] 조선총독부의 영명학교 보고(1919. 3. 3.)

… 목사 1명이 최근 지방에서 빈민의 가련한 자가 많으므로 이를 구제해야겠다고 성심으로 말했기 때문에 3월 이래 신도는 50명으로 격증한 사실이 있다. … 공주 장날에 영명학교원 및 생도와 졸업생이 주모자가 되어 독립선언서를 배포, 선동하는 것을 전부 체포하였다 그 중 1명은 전 사감으로 현재 조수직에 있고 1명은 현재 원명학교원고 다른 모두는 재학생 또는 졸업생이었다….

프랭크 윌리엄스가 보고한 1919년 미션 스쿨 보고에서도 공주에서 전개된 만세운동으로 학교 수업이 어려웠다는 내용이 있으며, 공주 미션스쿨 보고 내용에서도 프랭크 윌리엄스는 다수 학생들이 만세운동을 준비했고 현장에 참여했다는 사실을 기록하였다.

1919년에 일어난 독립운동은 그 해에 새로운 수업을 진행하는 것을 힘들게 했습니다. 당시에는 1학년과 2학년 45명과 영어 야학당을 다니는 학생 25명이 있습니다….

사실 프랭크 윌리엄스 교장은 일찍이 조선총독부의 주목을 받고 있었다. 1916년 4월 1일 자 조선총독부 관보에 의하면, '포교신고: 포교규칙 제19조에 의해 포교계에 제출'된 기독교 미감리교회파의 선교사에 우리암(프랭크 윌리엄스)이 포함되어 있다. 1915년 12월 12일에 보고한 자료에서도 기독교 포교자로 우리암(禹利岩, エフ イー シー ウイリヤムス)은 이미 주목받고 있었다.

1916. 4. 1. 조선총독부 관보

사사(社寺), 종교

포교 신고(届出)

포교규칙 제 19조에 의하여 포교계(布教届)를 제출

신고년월일: 1915년(대정 4) 12월 22일

소속 교종파: 기독교 미감리교회파

포교자의 성명: 우리암(禹利岩, エフ イー シー ウイリヤムス)

주소: 충청남도 공주군 공주면 대화정(大和町)

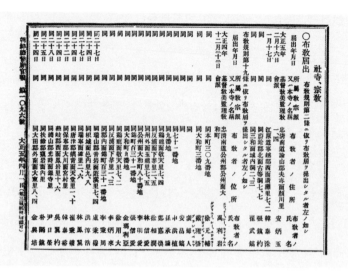

[그림 10] 기독교 미감리교회파의 명단, 우리암

현재 독립유공자로 인정을 받은 독립운동가와 함께 2022년 11월부터 2023년 3월까지 한국여성독립운동연구원에서 공주 출신의 독립운동가를 추가 발굴했는데, 영명학교 출신자를 함께 추출하여 도표화한 내용은 다음과 같다.

[표 2] 영명학교 출신의 독립운동 참여

	성명	소속	주요활동
1	김사현	영명학교 학생	4.1 공주만세운동
2	현석칠	영명학교 학생	4.1 공주만세운동
3	김현경	영명학교 학생	4.1 공주만세운동
4	김관회	영명학교 교사	
5	현언동	영명학교 학생	

6	김사현	영명학교 졸업생	
7	안성호	영명학교 졸업생	영명학교 회합
8	강 윤	영명학교 학생	태극기 준비
9	노명우	영명학교 학생	독립선언서 등사
10	윤봉균	영명학교 졸업생	
11	오익표	영명학교 졸업생	4.1 공주만세운동
12	유준석	영명학교 상급반	
13	노명우	영명학교 학생	
14	이규상	영명학교 교사	
15	윤봉균	영명학교 학생	4.1 공주만세운동
16	이수준	영명학교 학생	국내항일운동
17	황인식	영명학교 교사	학생운동
18	노마리아	영명학교 교사	3.1운동 국내항일운동
19	안신영	영명학교 교사	4.1 공주만세운동
20	김유실	영명학교 졸업생	4.1 공주만세운동
21	이순애	영명학교 학생	학생운동

1904년 어느 날, 로버트 샤프 목사님은 교사 1명과 몇 명의 남성들이 참석한 작은 학교를 설립했습니다. 1906년 샤프 목사님의 죽음 이후에는 학교가 문을 닫았습니다. 1906년 10월 15일 소란톤 박사와 밀러 선생, 그리고 윌리엄스 부부는 공주로 와서 15명의 학생과 2명의 담임 교사로 학교를 운영했습니다. 그 당시 학교는 6년제 보통학교였습니다. 학교의 건물은 흙벽과 짚이 있는 한국의 작은 오두막이었습니다. 그 후 3년 동안, 이 학교는 50명의 남학생을 배출할 정도로 성장했습니다. 이 기간 동안 졸업생은 3명이었습니다. I.S. 황도 그중 한명이었

Some time in 1904 Reverend Robert Sharp erganized a small school with one teachers and a few boys in attendance. After Mr.Sharp's death during 1906 the school was closed. Oct 15th 1906 Dr scranton, Miss Miller and Mr and Mrs Williams came to Kongju and reorganized the school with a student body of 15 and 2 teachers in charge. The grads of the school at the time was a six year Primary. The building was a small Korean hut with mud walls and straw roof. During the next three years the student body grew to 50 boys. During this time there were three graduates. One of these I.S.Whang has since studied in Pyeong yang and in Japan. He has for several years past taught in both country schools and in the Yeung Myen Higher school.

In 1909 a one story brick building 20 ft by 40 ft was built and was filled overflowing with 85 boys of whom five were of the first year High School grade. Since 1916 the grades have veen closed, and only the four Higher grades have been kept in the course. Up to the present there have been a total of 50 graduates. Many of them are teaching in the graded xchools of the Province or are studying the Higher schools. Four have gone through Medical Schools and are practising Physicians. In 1919 the Independence movement kept us from getting a new class in the first year. At present we have 45 students in the first and second years and 25 students in the English night school.

This new brick and stone building 42 by 78 ft with room enough for 250 students will mean much to the school and church. The 45 students and 4 teachers have subscribed 4,000 hours toward the grading of the athletic field. About 600 hours have been worked out.

Submitted

R.E.C.Williams. Principal

[그림 11] 「HISTORY OF KONGJU MISSION SCHOOL」

습니다. 그 이후에 Mr. 황(I.S. Whang)은 평양과 일본에서 공부를 했습니다. 그는 과거에 시골학교와 영명고등학교에서 교사로 활동한 적이 있습니다. 1909년에 20피트×40피트 규모의 단층 벽돌 건물이 지어졌고, 85명의 소년들로 가득 찼습니다. 그 중 5명은 고등학교 1학년 학생이었습니다. 1916년 이후로 학년이 마감되었고 오직 4개의 상위 학년만 코스에서 유지가 되었습니다. 현재까지 총 50명의 졸업생이 있으며, 그중 상당수는 도내 초등학교에서 교사가 되거나 고등학교에서 교사가 되었습니다. 4명은 의학대학을 졸업하고 개업한 의사입니다.

1919년에 일어난 독립운동은 그해에 새로운 수업을 진행하는 것을 힘들게 했습니다. 당시에는 1학년과 2학년 45명과 영어 야학당을 다니는 학생이 25명이 있습니다. 새로운 벽돌과 스테인레스를 사용한 건물은 250명의 학생들을 위한 충분한 공간이 있는 42×78피트의 규모입니다. 이것은 학교와 교회에 큰 의미가 있을 것입니다. 45명의 학생과 4명의 선생님은 운동장 측정을 위해 4,000시간 동안 수고를 했고, 600시간 동안을 함께 일했습니다….

Submitted F. E. C. Williams, Principal

— 「HISTORY OF KONGJU MISSION SCHOOL」의 해석본

4. 일제의 감시대상자 '프랭크 윌리엄스'

3.1만세운동 이후 일제는 제2차 조선교육령 제정을 통해 조선인과 일본인이 동일하게 교육을 받게 한다는 취지를 발표했다. 그 실상은 민족 차별을 없앤다는 명목으로 일본어 교육을 확대시키고 식민사관을 더 깊숙이 파고들어 정립시키려는 의도를 가지고 있었다. 프랭크 윌리엄스는 3.1만세운동 이후 잠시 안식년 휴가를 떠났다가 1923년 4월에 학교에 복귀했다. 그 시기에 공주영명학교의 총학생수는 144명이었다. 학생 현황을 살펴보면, 기혼자는 80명이고 미혼자는 64명으로 기혼자가 많았다.

특히 문맹자가 20명으로 교육이 절실하게 필요한 이들이 학교를 찾았다는 것을 알 수 있다. 프랭크 윌리엄스 교장은 1924년 공주영명학교가 고등보통학교로 승격하여 변함없이 학생들이 교육을 받길 원했다. 그 바램은 1924년 2월 13일 자『동아일보』에 고등보통학교 승격 기사가 실려 소식을 알렸다.

충남공주사립영명학교는 야소교 북감리회에서 설립한 바인데 거금 14년전에 동교 교장 미국인 윌리엄 씨가 당지에 내하야 무한한 고통을 불구하고 열심히 교육에 노력하야 우금까지 일은 바 기간에 광대한 3층 양옥의 교사를 건축하고 다수의 학생을 교수하야 일반 사회에 공헌이 많은 터인에 금반 더욱 확장을 하는 동시에 완전한 고등보통학교로 승격하기로 하야….

프랭크 윌리엄스 교장의 선교활동뿐만 아니라 교육을 위한 노력은 끝이 없었다. 그의 새로운 도전은 곧 최초 기록이 되었다. 공주에서 최초로 학생자치회 과외활동 연합을 조직하여 학생들의 토론 클럽, 음악 클럽, YMCA 체육회, 학교친목회, 보이스카우트 등 다양한 활동을 이끌었다. 가정형편이 어려운 학생을 위하여 석유배달과 호두판매사업을 개시하는 등 그의 무던한 노력으로 공주영명학교의 입지는 굳건해졌고 학생 수도 증가하기 시작했다.

1926년 10월 15일 충남 공주의 영명학교 대강당에서는 20년 간 헌신한 프랭크 윌리엄스(우리암) 교장의 20주년을 기념하는 기념식이 열렸다.

[그림 12] 『동아일보』(1926. 10. 20.)

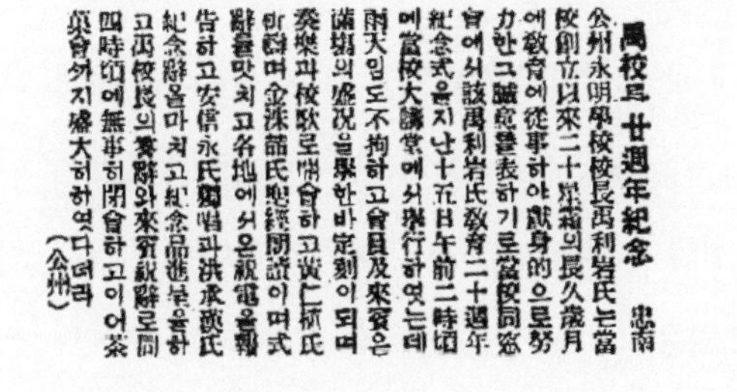

[그림 13] 『동아일보』(1928. 2. 18.)

영명학교 동창회가 주관한 기념식은 학교를 교육의 열의로 운영하고 학생들에게 넓은 세계를 바라보고 꿈을 키우도록 힘써 준 프랭크 윌리엄스에 게 감사한 마음을 전달하는 것이었다. '禹利岩校長 卄週年 紀念, 公州永明學校(우리암 교장 이십주년 기념, 공주영명학교)' 기사는 공주영명학교 교정의 역사를 돌아보게 했다.

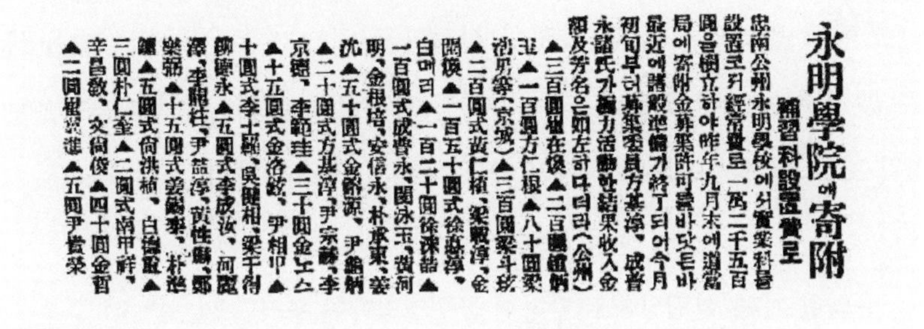

그 후로도 그의 새로운 도전은 언론 기사를 통해서 확인된다. 1928년 2월 18일 자 『동아일보』를 살펴보면 공주영명학교에 실업과를 설치하고 국내 기금 모금활동을 진행한 내용이 실려 있다.

충남 공주에서 실업과를 설치코저 경상비로 1만2천5백원을 수립하야 작년 9월말에 道당국에 기부금 모집허가를 받았든바 최근에 여러 설비 준비가 완료되어 금월 초순부터 모집위원, 방기순(方基淳) 성보영(成普永) 여러 명이 활동한 결과 수입급액 및 성명(芳名)은 다음과 같다하더라(공주) 300원 최재환, 200원 조병옥, 100원 방인근, 80원 양호남(경성)…

프랭크 윌리엄스 교장의 교내 실업과 설치는 새로운 농업기술을 배우고 익혀 농업에 도움이 되는 인재를 양성하는 목적이 있었다. 1927년 5월 22일 자 『동아일보』에 실린 기사 내용은 다음과 같다.

유일한 기관, 설립당시로 말하면 공주영명학원 우리암 씨
― 미국 사람으로 일천구백 오년에 동포를 선도하는 동시에 교육기관을 만드러서 당시에는 유일한 중등학교였다는데 우리암 씨가 경영하는 학교는 아래와 갓다더라 영명학교의 내용…

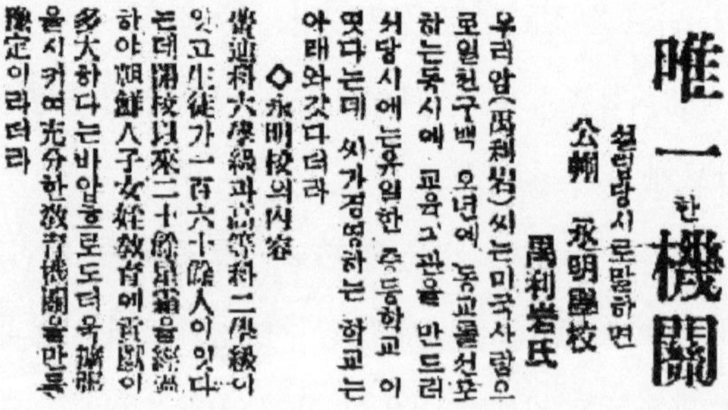

[그림 14] 『동아일보』(1927. 5. 22.)

한편, 1929년 광주에서 시작된 광주학생독립운동은 전국적 맹휴로 이어졌다. 1929년 10월 30일 나주역에서 일본인 학생이 한국인 여학생을 희롱하자 한국학생과 일본학생이 충돌하면서 항일운동은 시작되었다. 일제의 식민교육과 탄압에 억눌렸던 저항이 폭발되자 12월초부터 전국의 청년운동단체와 학교, 학생단체는 항일독립운동을 전개했다. 당시 전국의 194개교에서 5만 4,000여명이 참여했는데 공주도 예외는 아니었다.

공주에서는 공주영명고등학교를 비롯하여 공주고등학교도 이어 휴교를 선언했다. 공주영명학교의 학생도 9가지 요구사항을 담은 요청서를 영명고등학교 교장에게 제출한 뒤 동맹휴학을 단행했다. 1930년 6월 25일 자 『조선일보』에는 공주영명학교 1학년이 맹휴를 선언한 뒤 이어 40여 명이 맹휴를 단행했다고 하였다.

> 지난 이십삼일 아침부터 공주영명학교 일학년생 사십여명이 학교당
> 국에 연명 진정서를 제출하고 동맹휴학을 단행했는데 요구조건은 동
> 교 모 교사에 대한 배척운동으로 해직케 하여 달라는 것이라는바 학교
> 측에서는 즉각 직원회를 개최하고 선후책을 강구하리라 하며 선동자
> 에게는 단호히 처치하리라는데….

1930년 12월 6일에는 전교생이 연명퇴학을 주장했고 농업을 담당했던 교사를 배척하자 학교는 학생 4명을 퇴학시켰다. 다음날 12월 7일 2학년생 30여명이 퇴학원을 제출하면서 맹휴는 확대되었다. 이에 일본경찰이

출동하여 취조를 진행했는데 공주영명학교의 맹휴 사건으로 주도한 학생들은 모두 처분을 받았다.

> 정창수 최필용 이수준 3인 출학
> 이관하 유재근 황맹도 이만이 서상학 하복용 등 6명 무기정학

1930년대에 들어서 일제의 민족정신말살정책은 더욱 강화된다. 일제는 전국의 사립종교학교와 선교사 등을 지속적으로 감시하며 주요 감시대상자명단을 작성했다. 1931년 9월 26일 자 일제 경성지방법원 편철자료의 「사상에 관한 보고 철」에는 '일본 경찰의 선교자 감시자 명단'이 발표되었는데, 프랭크 윌리엄스(우리암) 교장도 포함하였다.

문서발신자: 京城(경성) 鍾路警察署長(종로경찰서장) / 京城地方法院(경성지방법원) 檢事正(검사정)

제목: 제24회 全鮮宣敎師(전선선교사) 每年聯合公議會(매년연합공의회) 開催(개최)의 건

서명: 思想(사상)에 關(관)한 情報綴(정보철) 1

대체제목: 京鍾警高秘(경종경고비) 제11832호

이름: 沈宜道, 郭安連, 裴緯良, 馬布三悅, 尹山溫, 蘇悅道, 尹山溫 부인, 甘茂悅, 方緯良, 羅約耳, 方緯良 부인, 羅約耳 부인, 韓富善, 魏大橫, 南顯理, 柳詔, 安道宣, 河瑪連, 河瑪連 부인, 咸嘉倫, 裵義龍, 權燦永, 崔義

遜, 許大殿, 夫煒濂, 南大理, 邊洗漢, 馬氏, 保偉悅, 朴世理, 具禮仁, 徐國泰, 趙夏福, 白美多, 柳瑞伯, 呂桂南, 魯羅福, 白雅德, 魯曾乙, 文約翰, 安明道, 禹利岩, 徐煒廉, 史越, 蔡富仁, 陸長安, 愛理旋, 許乙愛多, 羅彬秀, 貴愛多, 羅恩德, 全約琴, 河鯉泳, 廉美德, 大模理, 무레, 韋去秀, 天御, 윌라스, 홀란트, 魏大仁, 막라랭, 徐五星, 王吉志, 데기스, 魯亞力, 鄭亞力, 馬日蘭, 南大理, 朴傑, 徐商道, 梅道捺, 許曄, 潘河斗, 孔韋亮, 壽多善, 金若蘭

지명: 西大門, 載寧, 平壤, 宣川, 開城, 安東, 京城, 群山, 木浦, 江界, 光州, 順天, 全州, 公州, 寧邊, 海州, 鐵原, 元山, 釜山, 居昌, 晋州, 龍井, 咸興

사건: 제24회 全鮮宣敎師 每年聯合公議會

일제의 '일본 경찰의 선교자 감시자 명단'은 보고의 명목으로 작성되었는데, 경성지방법원 검사국 문서에는 프랭크 윌리엄스(우리암) 이름이 표함 되어 있다. 이것은 일제치하에서 공주영명학교와 프랭크 윌리엄스(우리암) 교장에 대한 일본경찰의 감시보고와 활동이 계속 주시했다는 사실을 확인시켜 주는 부분이다.

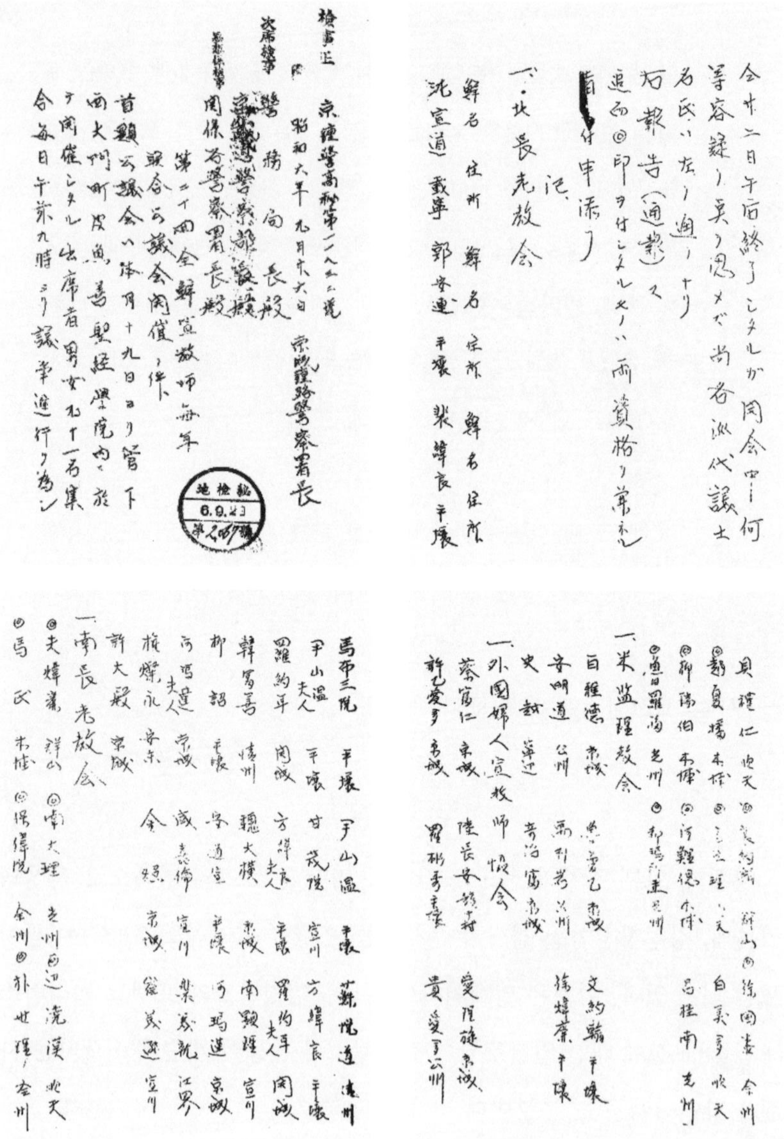

[그림 15-1, 15-2, 15-3, 15-4] 일본 경찰의 선교자 감시자 명단

5. '프랭크 윌리엄스', 일제에 의해 추방되다

프랭크 윌리엄스 교장은 공주지역에서 어떤 존재였을까? 1937년 10월 17일 자 『동아일보』에는 '우리암(프랭크 윌리엄스)을 존경하는 공주시민에 의해 자발적으로 동상 건립 추진이 추진되었다'는 기사가 실렸다.

공주에서 선교활동과 교육활동에 헌신한 프랭크 윌리엄스 교장의 활동은 많은 이들에게 귀감이 되었다. 불모지의 땅에 학교를 건립하여 많은 인재를 양성하였고 지방의 인재를 해외로 유학을 보내는 등 교육의 지원을 아끼지 않았다. 이에 보답으로 공주 시민들은 프랭크 윌리엄스 교장에게 존경하는 마음을 담아 기억할 수 있는 동상을 건립하였다.

[그림 16]
『동아일보』(1937. 10. 17.)

1937년이 되자 일제는 '황국신민의 서사'를 만들어 일본 신사참배를 강요했다. 그런데 신사참배 강요는 기독교 교리를 정면으로 거부하는 사항이었다. 일제가 신사참배를 강요하자, 이에 반대하는 기독교인의 공식적인 항거가 이어졌다. 하지만 일제의 탄압에 1938년 9월 9일 완강했던 장로교단이 굴복했고 전국적인 거부 움직임은 폐교의 공식화로 이어졌다. 프랭크 윌리엄스 교장은 광복 이후에 서신 기록을 통해서 일제의 탄압을 다음과 같이 상황을 정리하여 보고하였다.

1940년 9월경: 300여명의 한국 전도사와 지도자의 체포 및 고문

1940년 10월: 한국감리부의 일본경찰과 사법부 후원 결탁

1941년 3월: 한국감리교회 협의회 서울 개최, 경찰국 간부 착석

1941년 3월: 평양 최초 감리교회가 불타서 없어짐. 이유알지못함

1942년 3월: 법인 감리교의 의장에게 모든 감리교가 재산권을 양
　　　　　도하라는 협박편지를 받음

1942년 9월: 감리교 관계자 체포 및 감옥 수감

1942년 12월: 서울 총회 소집. 변홍규가 통리로 선출

1943년 6월: 변홍규 통리의 지역 경찰에 구금

1943년 8월: 전진규 통리 선출, 경찰의 선거 무효화 주장

1943년 10월: 일본경찰국 감시하에 총회 개최

1944년 1월: 선출된 정춘수 통리가 일본군을 돕기 위해 감리교회
　　　　　와 목사관사를 매각하자고 캠페인 시작

1944년 9월: 상동감리교회 특별프로그램 종료. 신도참배지로 전락

1945년 6월: 일본 부총독 주재로 한국감리교회 붕괴 발표

1945년 7월: 장로교, 감리교, 구세군의 통합교회 사무관에 일본 총
독 임명

1945년 8월: 통합교회 일본 집행부 집무 시작

일제는 황국신민을 기르는 것을 목적으로 교육과정을 개편하고 학교 병영화정책을 현실화시켰다. 국내의 다수 교육기관에 일본인 교장을 임명했고 기독교계에 대한 탄압과 감시는 폐교 수순으로 이어졌다. 1940년의 공주영명학교(영명실수학교) 앨범자료에는 교가도 일본어로 가사를 바꾸어 표기되는 등 당시의 일제의 황국식민화정책이 현실화되었다는 것을 말해 준다. 이어서 신사참배 강요에 저항하는 선교사 추방정책이 진행되었다. 미국 선교사도 본국으로 송환되기 시작했는데, 프랭크 윌리엄

[그림 17] 프랭크 윌리엄스(우리암) 교장
송별식(1940)

스도 공주영명학교 학생과 교사들과 송별식을 끝으로 한국을 떠나게 되었다.

6. 프랭크 윌리엄스, 한국의 독립운동가 되다

누구에게나 인생은 한 번뿐이다.

한번으로 주어진 인생을 무엇을 하며, 무엇을 위해, 무엇을 해 나가는 가에 따라 인생은 달라진다. 한국에 파송된 선교사의 일상과 활동의 궤적을 마주하노라면, 과연 우리는 그렇게 할 수 있었을까 하는 의문이 든다. 푸른 눈의 이방인들은 일제강점기 한국인과 함께 독립운동을 하였고 독립운동의 현장에 있었다. 하지만 우리는 그들을 보지 못했고 그들은 우리를 보고 있었다. 필자는 프랭크 윌리엄스(Frank E. C. Williams, 우리암, 1883-1962) 선교사의 활동 궤적을 마주하며, 그가 한국인과 다르지 않았다는 사실을 확인할 수 있었다. 정의롭고 불의에 항거하고 학생들이 바른 길로 찾아갈 수 있도록 이끌었던 선생님의 모습을 그는 가지고 있었다. 그렇기에 한국의 독립운동을 실천한 그의 명예를 회복하는 조사연구를 시작하고 그가 명예를 회복하도록 노력하는 데 2년의 시간이 지나갔다.

한국에 파송된 시점부터 1919년 3.1만세운동, 공주영명학교의 설립과 부흥, 일본 감시자로 지목, 일제로부터 추방, 추방당한 뒤 인도에서 한국 광복군을 만나고, 한국의 독립을 염원하며 한국광복군의 영어교육에 나서고, 광복된 이후에도 한국의 재건을 위해 활동했던 프랭크 윌리엄스는 한국에게 너무 많은 시간을 내어 주었고 우리는 소리 없이 감사함을 받고 있었다. 그래서 프랭크 윌리엄스의 한국 독립운동가로의 명예를 회복시키기 위해 나섰지만 자료를 조사하는 과정은 순탄치 않았다. 그의 활동 자료를 연도별로 수집하고 특히 한국의 독립운동가로서 인정받는 요건에 맞게 그가 온전히 독립운동가로 인정받도록 자료를 보완하는 데는 힘든 시간과 노력이 요구되었다. 그가 활동한 각 분야에서 독립운동 관련 자료를 추출하고 분석하며 독립운동가의 공적을 인정받기 위한 공적조서를 갖추고 제출하기까지의 시간들이 눈에 선하다.

프랭크 윌리엄스(우리암)의 독립운동 조사는 프로젝트 팀을 꾸려 진행했다. 사전자료조사에서 국내외 자료조사, 그리고 서훈신청으로 이어졌다. 사전자료조사 → 현장조사 → 주요활동의 국내외 자료추적 → 활동자료와 현장 확인조사 → 자료분석 → 독립운동 관련 자료 추출 → 독립운동 운동계열 부문 확인 → 독립운동 활동자료 심층적 조사 → 독립운동가 요건 자료분석 → 대상자의 활동 특성별 자료 분류 → 주요 독립운동 부문 정리 → 서훈 신청서, 평생 이력서 작성 → 서훈신청 자료 정리 → 서훈신청으로 진행되는 동안 나의 힘겨웠던 시간만큼 함께 한 연구자의 동행이 무게감을 덜어 주었다.

전문가 프로젝트 팀으로 구성하여 진행한 권역별 방문 조사는 2022년 3월 25일부터 7월 18일까지 진행되었고 다시 현장 재조사를 했다. 지금도 충남 공주시 소재 영명 중고등학교의 뒷산에는 프랭크 윌리엄스의 가족묘가 있고 그들을 기리는 표지석이 세워져 있다. 프랭크 윌리업스의 독립운동 공적은 사전조사와 본 조사, 방문조사를 통해서 조사했고 프랭크 윌리엄스의 독립운동 관련 주요활동은 다음으로 정리하였다.

첫째, 프랭크 윌리엄스는 1919년 4월 1일 공주 3.1만세운동에서 만세운동을 지원했다. 공주 3.1만세운동은 프랭크 윌리엄스가 설립한 공주 영명학교 학생과 졸업생, 교사가 주도했고 공주 산성시장 만세운동을 이끌었다. 특히 공주영명학교는 충청지역의 최초 신교육기관이며 독립운동가를 양성하는 교육환경의 토대가 되었다.

둘째, 프랭크 윌리엄스는 일제의 주요 감시대상자로 지목되어 활동 일체를 감시당했다. 조선총독부의 선교자 감시 대상으로 그의 활동은 주기적으로 보고되었다. 1940년 국내 선교사가 강제 추방당했을 때 프랭크 윌리엄스 가족도 함께 추방당했다. 주목할 부분은 가족이 인도로 이주한 뒤에도 한국 독립을 위한 지원활동을 했다는 사실이다.

셋째, 프랭크 윌리엄스는 인도의 임팔전투와 버마탈환작전에 참여하기 위해 한국광복군이 인도에 도착했을 때, 한국광복군의 영어교육과 보조활동을 지원했다. 프랭크 윌리엄스는 한국광복군 인면전구공작대가 인도에 도착한 뒤 인도 델리에서 한국광복군의 활동을 조력하는 초기 영문 학습을 전담했고 그 활동이 언론 기록으로 남아 있다. 프랭크 윌리엄스 가족의 강렬했던 한국독립의 염원은 광복 이후 가족 모두가 환국하여 광복의 기쁨을 함께 공유했다는 사실에서 알 수 있다. 그리고 프랭크 윌리엄스 부자는 미국정부의 고문으로 대한민국 정부수립을 위해 적극 활동했다.

넷째, 프랭크 윌리엄스 가족 모두가 독립운동에 기여했다고 보아야 한다. 1940년 선교사 강제 추방 후 인도에서 가족 모두 한국광복군의 영어 학습에 참여했고, 아들 우광복은 광복 후에 미국 해군 군의관으로 한국

성명	한자	운동계열	출신지	공적요약
프랭크 윌리엄스	Frank Earl Cranston Williams	독립운동지원	미국 콜로라도 덴버	1908년 7월 충남 공주에서 영명학교를 설립하고 30년간 조선인 교육에 노력했으며, 1943년 9월 인도에서 한국광복군의 영어 학습을 지원하는 등 독립에 기여함

제78주년 광복절 계기 독립유공 정부포상 추천후보자 명단

[그림 18-1, 18-2, 18-3] 광복절 78주년 독립유공포상자 프랭크 윌리엄스

으로 귀국하여 미군정 책임자 하지 사령관의 통역관과 특별보좌관으로 활동하며 대한민국 정부 수립에 기여했다.

2023년 7월 국가보훈부 홈페이지에 제78주년 광복절을 계기로 독립 유공 정부포상 포상 후보자로 프랭크 윌리엄스(우리암)의 이름이 올랐다. 프랭크 윌리엄스의 명예 회복을 위해 발로 뛴 지 2년이 되어서야 그는 한국의 독립운동에 대한 공적을 인정받았다. 프랭크 윌리엄스가 공주 영명학교를 설립한지 115년이 지나서야 한국의 독립운동가가 된 프랭크 윌리엄스. 그 결과를 확인하고 나서 나는 떨리는 가슴을 진정시키느라 거리를 한동안 거닐었던 기억이 있다.

국가보훈부는 프랭크 윌리엄스에 대해 "1908년 7월 충남 공주에서 영 명학교를 설립했고 30년간 조선인의 교육에 노력했으며 1943년 9월 인 도에서 한국광복군의 영어학습을 지원하는 등 독립에 기여한 활동"으로 주요활동을 요약해서 소개했다.

[그림 19] 광복절 조우한 프랭크 윌리엄스 후손들, 한국여성독립운동연구원

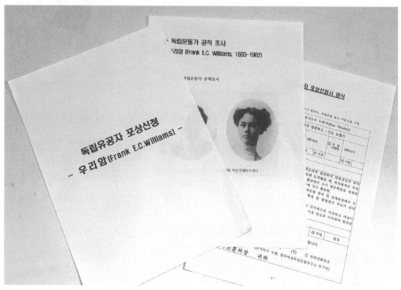

[그림 20] 후손에게 전달한 프랭크 윌리엄스의 영문자료 및 공적서, 한국여성독립운동연구원

제78주년 광복절 행사를 앞두고 우리암 선교사의 3대 손자녀 가운데 제일 연장자인 에밀리 앨버트가 훈장을 수여하기로 확정되었다. 프로젝

트를 진행한 교수님들과도 늦은 밤 통화로 함께 기쁨을 나누었고 발굴연
구팀의 대표로 필자는 광복절 행사에 국가보훈부의 초청을 받았다. 광복
절을 앞두고 '후손들에게 어떤 기억을 남겨 드리는 것이 좋을까' 하고 고
민하던 중에 선조의 독립운동을 조사한 과정과 독립운동에 관한 자료를
약식 영문으로 전달하는 것이 그들에게 의미가 있을 것으로 보고 영문번
역 작업을 시작했다. 그리고 당일 한지에 붉은 실로 포장된 자료를 후손
에게 전달하였다. 프랭크 윌리엄스의 독립운동 행적을 찾으며 지낸 시간
이 마음에 스치운다.

프랭크 윌리엄스, 한국의 독립운동가가 되었다.

[그림 21-1, 21-2, 21-3] 공주영명학교의 선교사 묘역, 한국여성독립운동연구원

근대
선교사의
독립운동